ネーミングライツの先駆け!
個性派球団興亡史

消えた球団
松竹ロビンス
1936~1952

野球雲編集部 編

ビジネス社

はじめに

羽ばたいた駒鳥たち
松竹ロビンス
1936〜1952個性派球団興亡史

野球の歴史に興味のある方なら、1950（昭和25）年セントラル・リーグ最初の優勝チームとして知っていることでしょう。松竹ロビンスという球団名から、「あの映画会社の松竹がオーナーだったのか?」と思われますが、それは半分正解、半分不正解です。

2019年現在、プロ野球の本拠地はネーミングライツというビジネスモデルで球場名が変化していますが、ロビンスはそのネーミングライツの先駆けとなった球団と言えるでしょう。

松竹ロビンスは1936（昭和11）年のNPB創設時に大東京軍として加盟し、ライオン軍、朝日軍、太平（パシフィック）、太陽ロビンス、大陽ロビンス、そして松竹ロビンスとなり、1952（昭和27）年シーズン終了後、大洋ホエールズ（現横浜DeNAベイスターズ）と合併し、その歴史に幕を閉じました。

その16年の歴史は短くとも、個性豊かな選手、オーナー、監督が在籍しました。成績は決して良くないですが、最下位の翌年に優勝、そして解散と波乱万丈の球団史は今の時代から見てもとても魅力的な

ものを持っています。

しかし、あまり知られていないのは消滅しただけでなく、巨人、阪神などの老舗球団と違い、球団名が猫の目のように変わり、選手も入れ替わりが激しいことでファンも落ち着かなかったからかもしれません。

松竹ロビンスとしての個性の一つに、田村駒治郎オーナーの存在が大きくあります。１９３７（昭和12）年頃から資本参加し、１９３８（昭和13）年にはオーナーになり１９５２（昭和27）年まで球団を持ち続けました。プロ野球のオーナー列伝というものがあるのなら、田村駒治郎の個性は永田雅一（大映スターズ、パ・リーグ総裁）オーナーと双璧でしょう。

今回は、松竹ロビンスの歴史を球団運営、田村駒治郎オーナーとその周辺を軸に展開していきます。

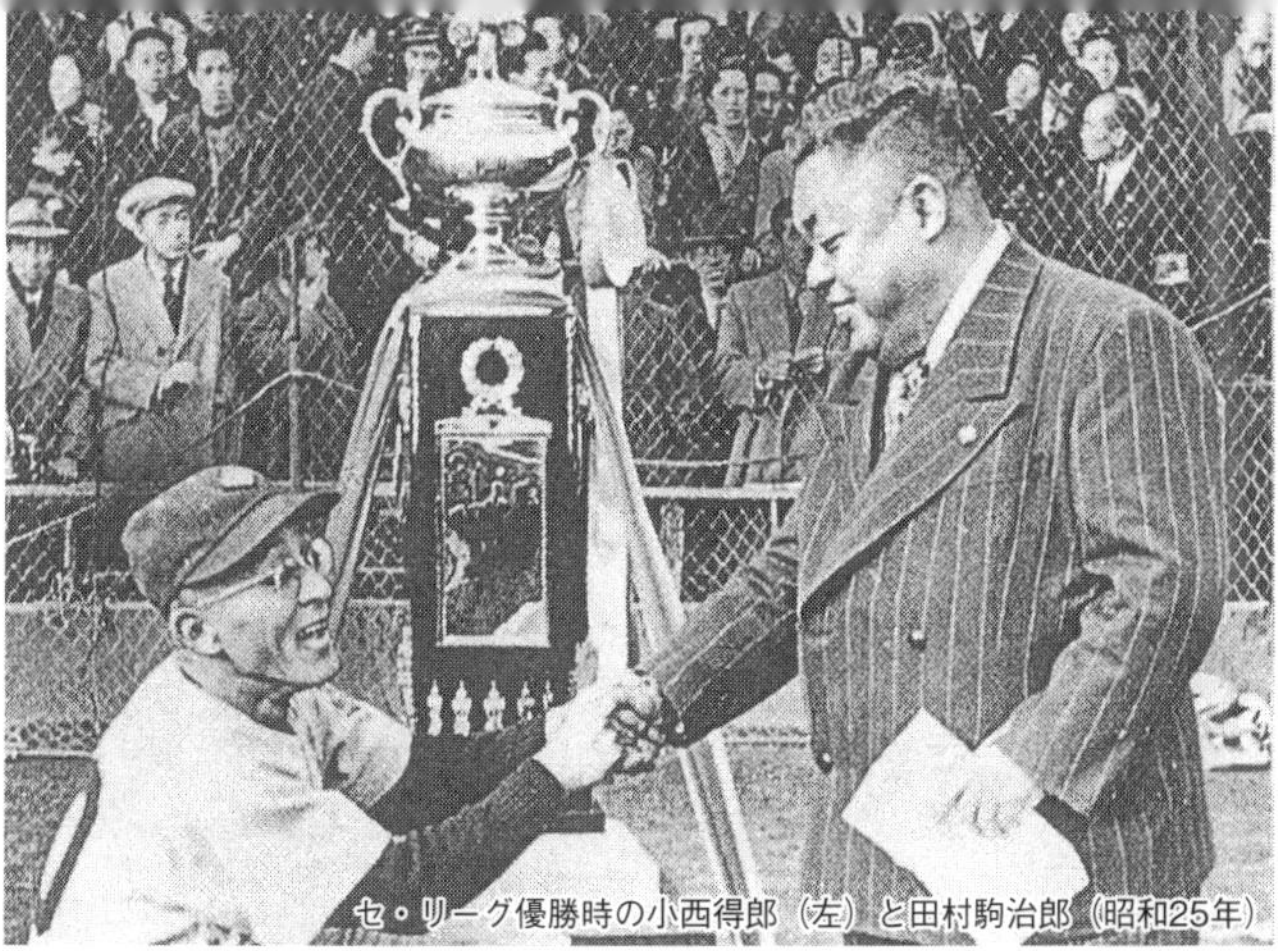

セ・リーグ優勝時の小西得郎（左）と田村駒治郎（昭和25年）

第1章

田村駒治郎と禮子《れいこ》夫人の球団経営

大東京から松竹ロビンスへ続く道

三代目田村駒治郎さんに聞く

大東京軍から声がかかり、球団経営を始めた実業家・二代目田村駒治郎。球団の歴史をたどりながら、御年88歳（当時）になる、息子の三代目田村駒治郎氏へのインタビューを行った。球団経営に奔走した二代目田村駒治郎と禮子夫人の、生き生きとした姿が浮かび上がってきた。

（取材・文／雲プロダクション）

2017年8月の暑い日、『野球雲』編集部は野球殿堂博物館に集合した。

松竹ロビンスの特集をすることとなり、堤哲さんの取り持ちで松竹ロビンスのオーナーだった二代目田村駒治郎氏のご子息である三代目田村駒治郎さん（以下、三代目と表記）から、当時のお話を伺うことを了承いただいたので、かけつけたのだ。

三代目田村駒治郎襲名は先代の駒治郎氏の創立した田村駒株式会社が1994年に100年目を迎えるにあたり、1992年に東京家庭裁判所で認可を得て行ったという。

三代目田村駒治郎氏。年齢を感じさせない立ち居振る舞いだった

三代目は1929（昭和4）年生まれの88歳。お会いしてみるとそんなお歳に思えないくらい姿勢も着こなしもピシッとして、思わず流石だ！と呟いたくらい。

早速、お話を伺った。

大東京軍からライオン軍へ

「父、二代目田村駒治郎は野球好きで、大東京軍から『球団経営に参加して欲しい』と言われて、すぐに経営に参画することになりました。それは1937（昭和12）年のことです。共同印刷の大橋松雄さんが大東京軍の経営に参画していましたが、資金繰りに困りだして、大橋夫人、芳江の姉である禮子の主人、田村駒治郎が野球熱心で小遣いにも余裕のある人ということで球団経営の話が来ました」

三代目は、優しい話しぶりで始めた（以下、二代目田村駒治郎を田村駒治郎と表記）。

松竹ロビンスの前身は1936（昭和11）年2月5日に設立された日本職業野球連盟（39年に日本野球連盟に改称）の7球団のうちの一つ、大東京軍である。大東京軍は新愛知新聞社（現・中日新聞社）の傘下の國民新聞社が親会社として参加。読売新聞社正力松太郎の構想に対抗し、新愛知新聞社主筆の田中斉が名古屋軍と大東京軍を設立。その上、株式会社大日本野球連盟というプロリーグの設立も目指したが、その計画は頓挫《とんざ》し、正力の日本職業野球連盟に加盟した。今ではあり得ないが一人の経営者が二つの球団を持った形となって参加した。

ライオン軍から1952（昭和27）年の松竹ロビンスまで球団経営を続けた田村駒治郎は1904（明治37）年大阪市東区（現在の中央区）で、初代田村駒治郎とふくとの間に生まれ、名を駒太郎とした。1921（大正10）年大阪市立天王寺商業を卒業後、田村駒《たむらこま》に入社する。田村駒は大阪に本社を置く繊維会社で初代田村駒治郎が1894（明治27）年に創業した、現在売上高1100億円を超える企業である。

1927（昭和2）年に安田善助の次女禮子と結婚。1931（昭和6）年に父駒治郎の死により家督を相続、二代目田村駒治郎を襲名。田村駒の社長に就任した。田村駒治郎はすでに社会人野球チームを二つ持っており、次にプロ野球のオーナーになることを夢見ていたが、禮子夫人の妹と結婚した共同印刷の大橋松雄の薦めもあり、大東京軍に資本参加した。

その後、大東京軍の株をすべて手に入れ、大東京軍の役員鈴木龍二を通じて田村駒治郎は球団本拠地を東京から大阪に移し、ライオン軍とした。

ライオン軍の話になると三代目はこう強調した。

「皆さん誤解されがちですが、直後にライオン軍となったのは、ライオン歯磨さんにスポンサーになってもらうために『ライオン軍』にした訳ではなく、ライオン軍という名前にして、ライオン歯磨さんがスポンサーになってくれたのです」

ライオン軍の由来については、資料をあたっても「ライオン軍ありき」の説と「ライオン歯磨ありき」の説が混在している。今回、三代目が話してくれたのは前者だが、貴重な証言だろう。

そして、田村駒治郎は甲子園球場の北側の砂田町に一万坪の広さを誇る「一楽荘」の敷地にライオン軍の選手たちの合宿所を作った。中学卒業の選手の多いライオン軍は、選手たちが思う存分野球に専念できるようにと、賄いさんも雇って衣食住を用意したという。その考えは、商いの長が奉公人の面倒を見る関西の商いの思想にも似ている。

田村駒治郎夫人、禮子さんの球団経営

「ライオン軍」の由来の話は続く。

「関西に球団が移り、両親は巨人より『タイガース』を意識していました。だから虎より強い『百獣の王ライオン』ということで球団名を決めたことを、母が私に語ってくれたのを覚えています。ライオン軍のロゴマークも、当時住んでいた洋館のソファにあったクッションの柄が獅子柄で、それをヒントにしたんですよ」

クッションに獅子の柄が見える、田村家のソファ。これが「ライオン」軍の由来の一つだという

一楽荘内のプールにて。1943（昭和18）年頃

三代目は当時の記憶を丁寧に思い出しながら、そんな「百獣の王ライオン」たる選手たちの様子も、ゆっくりと語ってくれた。

「選手たちの練習は、近くの甲子園球場で行っていました。合宿所から500メートルほどだったので、スパイクの音をカチャカチャ鳴らして仲良くみんなで行く

田村駒の大豪邸「一楽荘」はどこだ!

今回のインタビュー記事をはじめ、松竹ロビンス特集内で複数回登場する「一楽荘」。ライオン軍の時代から松竹ロビンスが大洋と合併するまで、この敷地に監督の住まい、選手の合宿所があった。三代目田村駒治郎氏が描いたというイラストが左記である。現在はすでにないが、その場所はどこだったのか、調べてみた。現在の住所でいうと甲子園球場にほど近い、兵庫県西宮市甲子園砂田町に位置する。
その広さは10,000坪。地図上の枠で囲った部分である。下方に見える甲子園球場と比べると、その破格の大きさがわかるのではないだろうか。

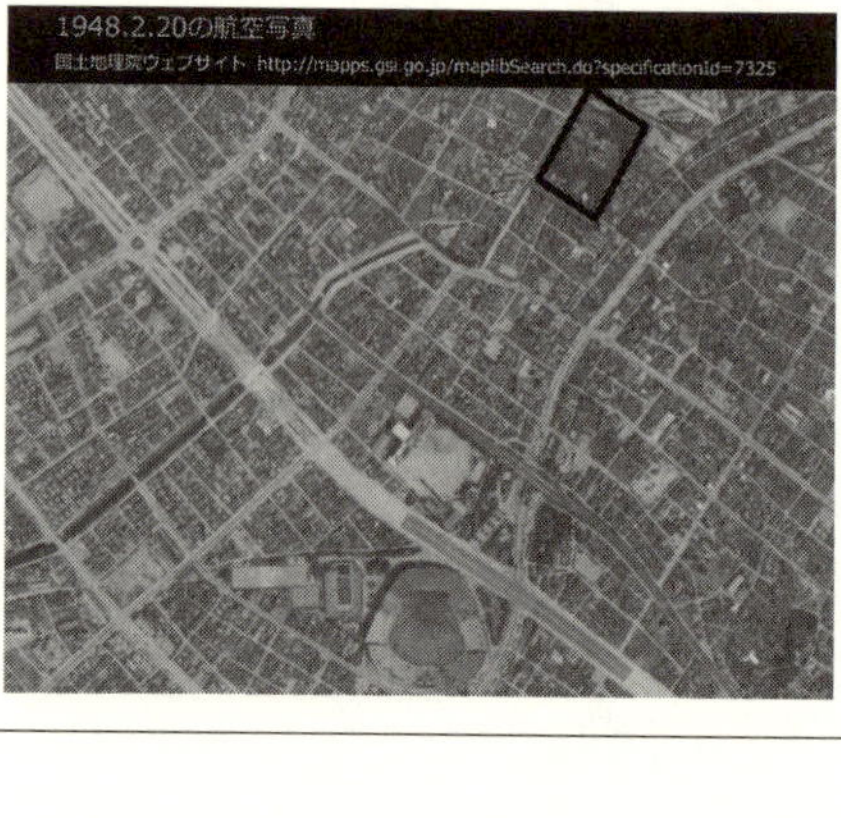

1948（昭和23）年2月の航空写真（国土地理院ウェブサイトより）。上の枠で囲った部分が一楽荘

様子を見ていました。テニスコートやプールもあったので基礎練習やキャッチボールは一楽荘の合宿所でやっていました。合宿所には独身の選手も結婚していた選手も一緒で、本当に親しく生活していましたね。すごい酒飲みの監督（竹内愛一か？）もいて、そして、その上を行く選手もいてワイワイやっていたのも楽しい思い出です」

田村駒治郎夫妻は、甲子園で試合がある時はいつも二人で観戦していた。そして、禮子夫人は合宿所の生活の管理もマメにしていたようだった。

「選手の給料も母が給料袋にお金を入れて、一人ひとりに手渡しししていました。そして、入団する選手の家庭環境や経済状態も調べて、戦争で応召した選手に対しても実家に給料を持っていき、戦地に行った選手たちの残された家族のケアもしていました。ある意味、選手たちの親代わりとしての意識だったと思います」

朝日軍時代から終戦まで

一方、田村駒治郎オーナーは勝ち気で負けることが嫌い。大東京時代から坪内道則、鬼頭数雄などの名選手はいたが、スタート間もないライオン軍は強豪とはいえない。なんとか強化の策を考えていたが、選手補強のシステムが徐々に出来上がったのは、ライオン軍から朝日軍と名前を変えた１９４１（昭和16）年ごろからだった。

「竹内監督になって1942(昭和17)年、林安夫投手を獲得しチームが強くなってきました。そこで翌年、父は甲子園で三連覇を成し遂げた海草中学(現和歌山県立向陽高等学校)の嶋清一投手の後輩、真田重蔵投手を獲得するために手を尽くしました」

真田の入団もあり、1943(昭和18)年のシーズンは41勝36敗7分で戦前最高順位の3位となった。

この時期、すなわち戦争末期のチーム状態について、幼かった三代目の覚えていることを聞いてみた。

「1944(昭和19)年を最後に公式戦は休止しましたが、関西の球団は活動していて、1945(昭和20)年1月に甲子園球場で正月大会を関西の球団が行いました。当然、朝日軍も参加したので、8月の終戦までの期間を長いと思わなかった気がします。朝日軍の選手たちは、父の天王寺商業の後輩橋本三郎さんが奈良で軍事工場を経営して、そこに預けられていた。父は戦争が終わったら、みんな戻ってくると思っていたのに帰ってこなかった……。私は直接見ていませんでしたが、父の性格を考えると相当怒ったと思います」

坪内道則も田村駒治郎の母校、天王寺商業の後輩だった。しかし、橋本とともにチームを離れ新球団ゴールドスターを結成する。三代目によると、坪内らは学校の後輩であるという理由で給料を抑えられていた。そのことで不満をもっていたのかもしれないと三代目は考える。

戦後の復活～パシフィック（太平）誕生　そしてロビンスへ

田村駒治郎は怒りを抑え、とにかく新球団を作ることとなった。朝日軍の選手はもういない。しかし、側には巨人軍第一期黄金時代を作った藤本定義がいた。藤本は巨人退団後、田村駒治郎のカバン持ちとして面倒を見ていた。田村は早稲田大学が好きで、藤本も早稲田卒業、球団経営のきっかけを作った大橋松雄も早稲田で野球をしていたこともあり、いつか戦争が終わったら藤本を監督に迎え、強豪チームにすることを夢見ていたに違いない。

形は変わったが、そのチャンスは来た。田村は軍資金として10万円を藤本に渡して、チーム作りを頼み、藤本も全国を奔走した。そして、新球団「パシフィック（太平）」を作った。

「太陽ロビンス」の名前に関するエピソードについて聞くと、笑って答えてくれた三代目

「太平」の由来についても三代目が覚えていることがある。

「母が、『戦争も終わり世界に広がっていく時代になる。そのために開かれた広い世界の意味を持たせ太平という球団名にした』と話していました」

しかしその後、壮大な球団名もあっさりと子会社の太陽レイヨンからとって「太陽ロビンス」に球団名を変えた。直後、読みはそのままに漢字を「大陽ロビンス」と改めるのだが、このことには有名なエピソードがある。あまりにも成績が上がらず、得点力がないことから「野球は点を取ることが大事だから、太陽の太の字から点を取った」というものだ。この説は本当なのだろうか？

これには、「本当の話です」と笑いながら答えた三代目だった。

戦後は田村駒も国の復興とともに成長し、球団経営にも選手獲得にも熱がこもった。そして、ますます地元タイガースを意識して、球団強化を図り、別当薫獲得にも積極的に動いたがそれはかなわなかった。そんなこともあって、別当の活躍に複雑な思いもあったと思われる。

田村駒治郎は将来のプロ野球を思うためのイメージを持つ反面、少年のような目先の勝負にこだわってしまう野球観を持っていた。一方、その後セ・リーグ会長に長く君臨する鈴木龍二は一言で言うと政治家的気質なので、二人の間には複雑な関係があったようだ。

「父はだいぶ横破りをしていたので、鈴木さんとはよく喧嘩をしていました。太平時代にはリーグで決めたことを破り、選手の引き抜きをしたんです。さらにその選手の試合出場を止められたのに、勝手に出場させたので、その試合が連盟から没収試合となったこともありました。だから、鈴木さんは決まり破りをする父には良い感情は持っていなかったかもしれません」

1950年、小西監督の元、優勝を果たした松竹ロビンス。二代目田村駒治郎の喜びも相当なものだったという

歓喜の松竹ロビンス、セ・リーグ優勝

戦後、庶民の最大の娯楽である映画産業が急成長する中、大映の永田雅一《まさいち》が金星スターズを買収、大映スターズとして念願のプロ野球経営に参画。そのライバルでもある松竹も球団経営に食指を動かし、鈴木龍二を通じて、ロビンスに経営参加をする。

しかし、田村駒治郎はスポンサーになって欲しいが、球団経営は手放したくなかった。そのため、名より実を取る戦略として、今で言うネーミングライツの方法をとり、大陽ロビンスから松竹ロビンスが誕生した。そのスポンサー料は2000万円とも言われ、資金を得たロビンスは赤嶺《あかみね》軍団の小鶴誠、金山次郎、三村勲、大岡虎雄を入団させた。そして、大東京、ライオン軍の監督だった小西得郎を再度監督に迎え、セントラル・リーグに加盟すると、1950（昭和25）年のペナントレースに臨んだ。

投手は真田重男（重蔵）を中心に回り、打撃陣は「水爆打線」と他チームから恐れられた破壊力で98勝を挙げ、実に勝率・737で2位中日に9ゲーム差を付けて優勝した。

「父は本当に野球が大好きだったし、チームも大好きだった。だから、優勝したときの喜びは相当なものでした」

1950年の優勝を振り返って、三代目はそう述懐する。

しかし、日本ワールドシリーズ（現日本シリーズ）ではパ・リーグの王者毎日オリオンズに2勝4敗で敗戦を喫する。その結果、田村駒治郎は小西得郎監督を解任。それをきっかけに個性豊かで才能はあるが、ある意味わがままな大人の選手たちは、バラバラになっていく。そして、2年後の1952（昭和27）年オフに最下位のペナルティとして大洋ホエールズと合併し、洋松《ようしょう》（大洋松竹）ロビンスとして再スタートする。

その後の田村駒治郎、禮子夫妻

朝鮮戦争（1950〜1953年）の終盤、経済状態が不安定になってきた田村駒の経営は次第に厳しい状態に追い込まれ、田村駒治郎も野球より会社運営に力を置くようになる。しかしそれ以上に影響を及ぼしたのが1952（昭和27）年、25年ぶりに本場アメリカの大リーグを見たことで、日本野球との格差にショックを受けた田村駒治郎はニューヨーク・ヤンキースを招致しようと動いたが、読売新聞から横槍が入り実現できなかった。

そのこともあり、田村駒経営問題も含めて、「少しずつ球団経営の熱がひいていったのかもしれない」と三代目田村駒治郎氏は語る。

こうして球団を手放した田村駒治郎。もしかしたら二度とプロ野球は見なかったのでは？と思っていたが、そうではなかったようだ。野球への情熱は持ち続けていた。

「１９６０（昭和35）年松竹と合併した大洋ホエールズが優勝しました。そして、日本シリーズで見事に大毎オリオンズを破り、日本一になった。そのときの父の喜びようは、松竹優勝のときと違っていたと思います。松竹時代の無念を晴らせたのではないでしょうか」

負けた大毎のオーナー永田雅一は感情むき出しで西本幸雄監督を解任した。

二代目の孫にあたる、田村次朗氏。
現在は慶應義塾大学の教授を務める

10年前、前評判は高く松竹有利と言われた１９５０年の日本シリーズ敗戦後に小西得郎監督を解任したことの再現をしたような１９６０年の日本シリーズであった。

三代目の話を聞くと、合併した大洋ロビンス・ホエールズを応援し続けていたようだ。そして、大洋ホエールズの日本一を見届け、１９６１（昭和36）年1月21日亡くなる。享年56歳。

晩年は体調が弱っているのを感じていたのか、「プロ野球球団をもう一度持つという夢はなかった」と三代目は言う。

妻の禮子さんは、1985（昭和60）年80歳で亡くなるが、生涯野球好きであった。現在、慶應義塾大学の教授である、孫の田村次朗さんに野球の話をしてくれたという。その次朗さんにもお話を伺った。

「祖母は戦前からチームの選手のスクラップブックを作っていて、たまにその選手のことも話してくれました。そして、その選手が戦争で亡くなったときの記事もしっかり収めていたんです」

晩年まで野球の記事を切り抜いて、そこにメモも書いていた。

禮子さんの選手思いのエピソードは亡くなっても続く。

禮子さんが安置された通夜の席へ夜遅くなってある男性がやってきた。それは戦前、大東京軍〜ライオン軍〜朝日軍で一塁と外野を守っていた浅原直人選手だった。

「禮子夫人には生前お世話になりました。お見送りさせて欲しい」という言葉を聞いて、三代目は「母の野球への愛情は本物だった」と感じたそうだ。

大東京から松竹ロビンスに続く道のど真ん中には、田村駒治郎と禮子夫人がいつもいたのは間違いない。

個人商店的な球団経営ができた時代の、最大の人物が田村駒治郎だった。

国民新聞　昭和11年11月30日（国立国会図書館 所蔵）

国民新聞
昭和12年8月20日
（国立国会図書館 所蔵）

第2章

職業野球にかけた企業家たち

時は戦前、「職業野球」黎明期――その陰にはまだプロ野球が日本の中心的スポーツになるとも知らず奔走する実業家たちの姿があった。そして、その戦略は実は現在にも連なるものであった。今回の特集、松竹ロビンスの前身である２球団を、「大東京軍　奇想天外な球団戦略」と「ライオン軍　最強の宣伝作戦」の二つの枠組みで辿るノンフィクション。

山際康之

大東京軍　奇想天外な球団戦略

地域を拠点にしたリーグ

その顔は自信に満ちていた。新愛知新聞社の主幹で編集局長を務める田中斉《ひとし》は、読売新聞社社長の正力松太郎の申し出を聞くと大きくうなずいてみせた。

昭和九年、正力はベーブ・ルースら大リーグによる全米チームを呼び、各地で日米野球大会を開催しようと計画していた。そこで彼は、新愛知新聞社に日米野球大会の主催権を譲るかわりに、地元で職業野球チームをつくってくれないかと提案してきたのである。

―本物のベースボールを知っているのは、この自分しかいない。それを知ってのことだろう―

田中は、米国へ留学していた経験から、大リーグの繁栄を目の当たりにしてきただけに、大いに乗り気になった。

ところが、田中が球団の発足にむけて準備をすすめると、とんでもない噂を耳にした。なんと、正力は競争相手である名古屋新聞社にも同じように声をかけているのだという。それを知った田中は、釈然としないものを感じたであろう。読売新聞社を中心にリーグをつくるのであれば、自らも立ち上げようと、対抗心に火をつけてしまったのである。

正力はリーグの実現にむけて、関西にある阪神や阪急の鉄道会社や、名古屋の新聞社はじめ九州の福岡日日新聞社などといった企業を中心に働きかけていた。

ならばと田中はリーグの名称を大日本野球連盟として、名古屋協会、東京協会、新潟協会、北海道協会の四つの地域を拠点にした運営を構想した。それはまさに各都市で盛んな本場の大リーグから学んだものであった。

彼が選定した土地は、新愛知新聞のお膝元である名古屋と、新潟の上越日報、東京の国民新聞といずれも系列新聞の販売網にそってのものである。北海道を候補にあげた意図は不明だが、正力が九州にチームをつくる動きを睨んで、対極する地を選んだのかもしれない。

しかし、いざすすめてみたものの肝心の資金も人脈もなく、計画は難航した。なかでも新潟協会は、選手を集めて練習まで行ったのだが、寒冷地で興行の期間は限られることから不適格と判断せざるをえなかった。北海道にいたっては、函館など野球が盛んな地域ではあるが、新潟よりもいっそう過酷な環境である。いかんともしがたい。かろうじてチームとしてのかたちになったのは名古屋と東京だけであった。

この機を逃すなとばかりに正力は、田中に対して創立間近い日本職業野球連盟に合流するように呼びかけた。こちらから願い出れば、田中の自尊心を傷つけることはあるまい。なによりも、二つのリーグが共倒れにならずにすむ。そんな考えからである。

――そうまでいうなら仕方あるまい――

正力の思惑通り、田中は、名古屋軍と大東京軍とした二つのチームを連盟に参加させることに同意したのだった。

だが、加盟の際に申請したその球団の商号に正力が驚いた。無理もない。それは、名古屋協会を自らの連盟を記したまま、株式会社大日本野球連盟名古屋協会としたのである。無論、東京協会もそれにあわせるように、株式会社大日本野球連盟東京協会とした。つまり、正式な言い方をすれば、日本職業野球連盟所属株式会社大日本野球連盟名古屋協会、株式会社大日本野球連盟東京協会となる。

なんと長くて滑稽な名であろう。しかしそれは、誇り高き田中らしい決着のつけ方であった。

先を見抜く男の原点

田中は子供の頃に病弱だったこともあり、心配した父は、学業の道ではなく商人だとして、名古屋市立商業学校へ入学させた。その期待にこたえようと、彼は卒業すると三井物産へ入社した。だが、そこは学歴がものをいう古い体質の職場だった。

――ならば、自らの手で道を切り開こう――

そう考えた田中は、半年ほど勤めただけで退社すると、上京して明治大学へ入学したのである。そして、生産管理を学ぶうちに工業の発展が著しい米国に目を向け、ジョンズ・ホプキンス大学大学院への留学を決意したのだった。

――なんという自由な社会だ――

まさにそこで見たものは、新しいことに挑戦する発想力と、それを実現するための行動力さえあれば、誰でも地位と金を手にすることができる実力社会であった。企業家はもとより、映画の俳優、ベースボールの選手、さまざまな世界で成功を収めているではないか。日本で味わった封建的な社会とは異なる空間に、彼は大いに刺激を得たであろう。

新愛知新聞社とのかかわりは、この頃である。新愛知から現地の様子を伝える通信員として嘱託されたのである。彼は水を得た魚のように、米国流のやり方で仕事に精を出した。学業の方も熱心に取り組み、見事にマスター・オブ・アーツの学位を受けたのであった。

その力が認められ、彼は帰国すると母校の明治大学の講師として迎え入れられると同時に、新愛知の社長である大島宇吉の入婿になったのである。まさに米国への留学が大きな転機になったといえる。

さらに翌年には、明治大学の助教授に昇格し、新愛知のほうも経済部長として入社すると、いっきにかけあがっていった。そして、いまや新愛知新聞社に籍を置きながら、社が東都進出を目指して買収した国民新聞社の代表取締役という身分にある。

同僚である明治大学の教員は、田中を、「高い知見から率直端的に断言されるのがお家芸であった」としたが、事業への感覚といい、自らの人生といい、先を見る目はたしかなものがあることは間違いない。

公募による選手集め

競うはずの二つのチームが同じ経営者では、どうも都合がわるい。そこで、名古屋軍は地元の新愛知新聞が運営することになり、大東京軍の方は、その傘下で田中が代表取締役をしている国民新聞社が見ることになった。

いよいよ選手集めである。大東京軍は、大学で活躍していためぼしい選手に声をかけたが、誰を勧誘してもいっこうに乗る気配がない。職業野球などという怪しい商売に目を向ける者などそうはいないのである。

リーグに参加を予定している各チームも選手の獲得に躍起である。そのうち、競合の名古屋新聞社のチームが、明治大学出身で構成するという話が伝わってきた。

―名古屋だけには負けるわけにはいかない。ならば、うちは慶應だ!―

そこで目をつけたのが、永井武雄を中心にした慶應義塾大学出身の一派である。永井の周辺には、宮武三郎、山下実といった神宮球場を沸かせていたスター選手たちがいた。すでに彼らは、立憲民政党代議士の駒井重次《じゅうじ》らが結成をもくろんでいた日本野球協会というチームと入団の約束をしている。にもかかわらず、駒井が資金の工面ができずにいたためか、いっこうに話がすすまない状況だったのである。

国民新聞で筆を執っていた野球評論家の太田四州の進言もあり、そうしたところに目をつけたのが田中である。しびれを切らしていた永井らは、待ってましたとばかりにその誘いに乗ると、大学の後輩である伊藤勝三や水谷則一を引き連れてやってきた。

いよいよ本命だ。次の獲得として狙いを定めたのが和製ベーブと呼ばれた山下である。しかし、こ

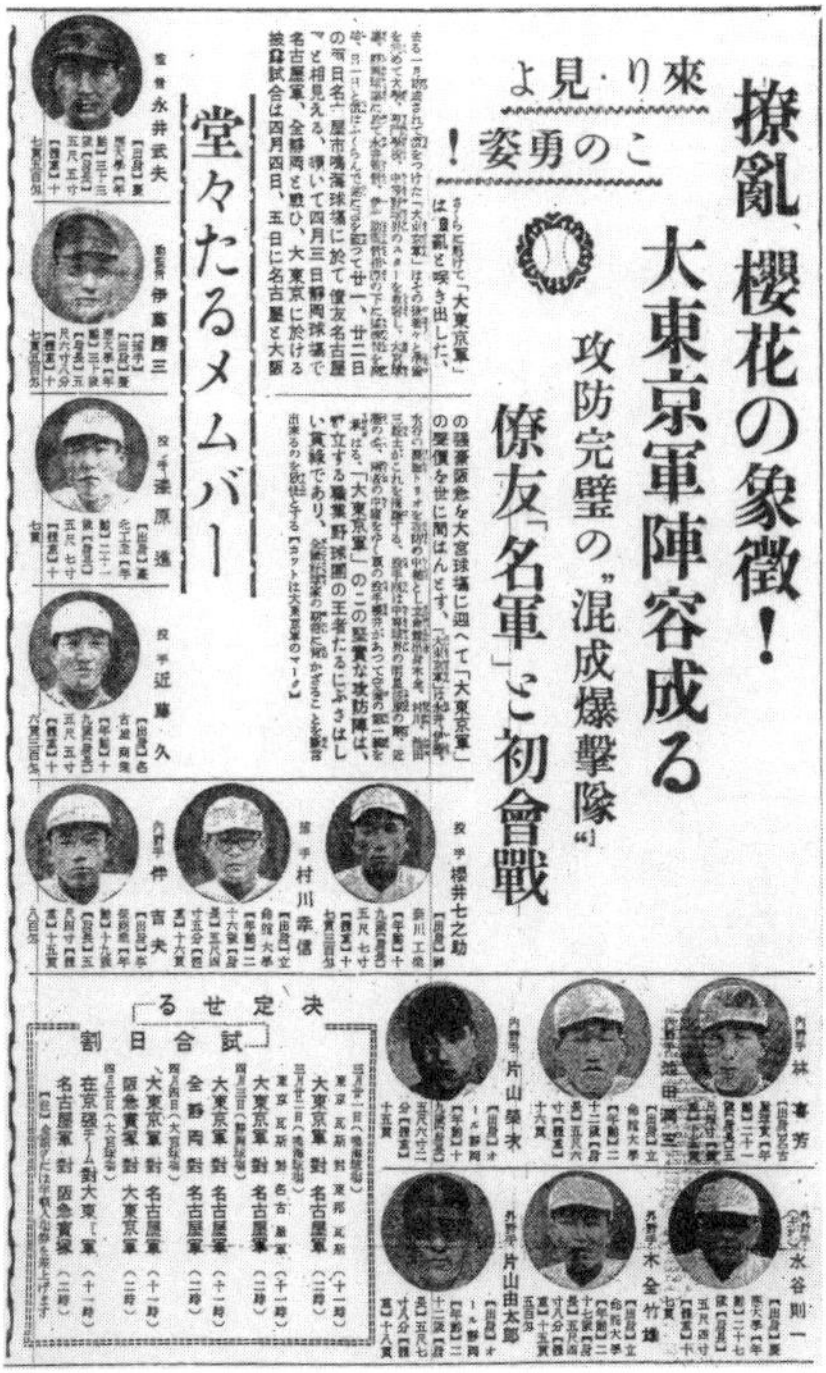
來り・見よ この勇姿！

撩亂、櫻花の象徴！

大東京軍陣容成る

攻防完璧の"混成爆撃隊"

僚友「名軍」と初會戦

堂々たるメムバー

決定せる 試合日割

発足まもない大東京軍／国民新聞　昭和11年3月20日
（国立国会図書館 所蔵）

ちらは、もたもたとしているうちに、宮武と一緒に阪急軍にさらわれてしまったのであった。逃がした魚は大きい。

永井は監督として入団を約束している。捕手の伊藤は選手としての薹《とう》がたっており、毎試合の出場に耐えられるか心配である。そうなると外野手の水谷だけが頼りである。

そこで田中は、「職業野球選手募集」として若い選手たちを集めることにした。もうひとつの名古屋軍では、早稲田大学野球部出身で常務取締役の河野安通志《こうのあつし》が、素質のよい少年を採用して育成することを構想していたから、それにならったのである。こうした実力主義の獲得は田中の考えにも合う。

――選手たちも揃い、いよいよ始動だ――

だが、グラウンドに集まった選手たちを見れば、水谷以外はほとんど無名で、監督を入れても一三名である。なんとも頼りないチームが船出した。

職業野球チーム専用球場

昭和一一年二月、日本職業野球連盟の創立総会が行われた。加盟したのは、正力の巨人軍のほかに、日本野球協会から名前を変えたセネタース、タイガース、阪急軍、金鯱軍そして、田中の名古屋軍、大東京軍を加えた七チームである。

リーグ戦がはじまったものの大東京軍の成績はかんばしいものではなかった。それでも、田中の正力への対抗心は相変わらずである。

彼は、球団の実務的な責任者ともいえる常務取締役の鈴木龍二に、秘策だとしてチーム専用の球場を建設するように指示したのだった。

―今度こそ鼻をあかしてやる―

野球については、まったく興味がなかった鈴木だが、こうした交渉ごとならお手のものである。もともと彼は国民新聞社の記者で、その頃に政治運動に熱中していたこともあり、弁がたち、軍人から政治家まで幅広い人脈をもっていた。

早速、洲崎《すさき》（現在の東京都江東区）に東京瓦斯（現東京ガス）の材料置場として使用しているいい土地があるという情報が入ると、政友会の人脈を利用して働きかけた。効果は覿面《てきめん》で、一万坪の土地を一〇年間無償で借り受けることに成功したのであった。それだけではない。鈴木は田中の催促に応えるべく、八月下旬から開始された工事は連日徹夜の作業を続け、起工からわずか二カ月で完成させたのであった。

もっともその分、代償がなかったわけではない。それは、半年ほど前のことである。鈴木は球場の土地を無償で譲る条件として、うちのチームと試合をしてほしいと東京瓦斯の役員から持ちかけられていた。ただより怖いものはない。少々心配したのだが、実業団ごときに負けるわけがないだろうと、鈴木は監督の永井に託したのであった。

ところが、いざ試合をしてみると、若い選手たちは緊張のためか、勝利目前での逆転負けである。あまりの不甲斐なさに、鈴木はカッとなると、試合が終わるやいなや永井にクビを宣告してしまったのであった。チームが発足して、わずか四試合目のことであった。

一〇月一四日、二万人を収容する洲崎大東京球場の落成式が行われた。スタンドに立つと、その風景は、東京湾をへだてた房総半島の山々まで見える。さざなみが聞こえるなか、田中は球場の出来栄えに得意げである。

―米国にも引けをとらない球場である―

とはいうものの、古くから遊郭で栄えた土地である。周辺には材料置場や砂町汚水処分場などが見られ、街中では少々都合の悪いものが隅へ追いやられている感は否めない。端っこにあるから交通の便も不自由である。

もうひとつ厄介なことがある。それは、グラウンドから海水がにじみ出るのである。無理もない、そばには砂町海水浴場があるのだ。こうした事態は建設当時から掘れば海水が出ていたので、充分に予測できたことである。

勿論、田中も知っていたはずである。しかし、彼にとって大切なのは、正力よりも先に球場をつくることだった。

黒人選手ボンナの人気

洲崎球場の完成にあわせて田中は、さらに、あっといわせる話題を用意していた。それは、彼が米国の知人に頼んだとされる二五歳の黒人投手の入団である。

ここまで大東京軍は負け続きでいいところがない。不甲斐ない試合のたびに、田中は鈴木を呼びつけては、「コラ！　龍二、どうなっとるんだッ！」と、怒鳴りつけていた。もうこうしたこともあるまい。

子供からの人気も高かったボンナ／国民新聞　昭和11年10月9日（国立国会図書館 所蔵）

なにせ、サクラメント・シティー・リーグにあるオークランドオックスチームに所属するというジミー・ボンナは、日本に来る前の三試合に連投して、四六の三振を奪い、全て勝利を収めたというから凄い選手である。

―これでチームも大リーグ級だ―

田中の期待は高まるばかりである。

気持ちは誰しも同じなようで、来日したボンナ見たさに多くの客が球場へやってきた。

ところが、いざ投げてみると、コントロールは定まらず四球を連発する有様である。

まだ旅の疲れが残っているのかもしれない、いや慣れない地のせいだろう。二代目の監督になった伊藤が、そう言い聞かせるように、再び先発に送り出しても結果は同じで、誰の目から見ても使いものにならないのは明らかであった。諦めた伊藤は、ボンナをベンチに置いておくしかない。

しかし来日以来、ボンナの人気は相変わらずである。この日も観客の小学生から、「ボンナちゃん、ボンナちゃん」という出場を促す声援がスタンドに響いていた。周りの客たちも小さなファンに協力して盛んに出場を求める声をあげはじめた。ボンナは出場せずにベンチの片隅にいたが、さすがの伊藤も、この声援には心を動かされたようである。しぶしぶ彼を指名すると出場させたのであった。これにはスタンドも大喜びである。

とはいえ、ここまで〇勝一敗、防御率九・九〇、四死球一三と散々な出来である。高い金を払って獲得してきただけに、田中にとっては面目丸つぶれである。さっと見切りをつけると、解雇をいいわたしてしまった。ボンナは寂しく帰国した。

地元が支える会費制後援会

昭和一二年、リーグ戦も二年目に入り、洲崎球場から市電ですぐの深川の不動さん前にある合宿所には、地元の住民が顔を出しては差し入れをしてくれるようになっていた。

肝心のチームの成績といえば、立教大学にいた坪内道則などを入団させて補強をはかったもののその弱さは変わらない。にもかかわらず、弱いものに味方するのが江戸っ子だとばかりに、たくさんの下町の人々が球場へ訪れていた。

下町といっても下谷、浅草方面には巨人軍が人気で、大東京軍の方は隅田川の向こう側、いわゆる深川、木場の威勢のいい若い衆や仲町の芸者、洲崎の遊郭といった粋な面々である。伊藤のあとを継いだ江戸っ子気質の小西得郎が三代目の監督になると、さらに人気が高まった。

――ならば、いっそうのことファンを組織化させよう――

田中は、毎月一〇銭の会費を募り、後援会を結成することにしたのである。以前、名古屋軍を発足させた際に、入団金一円、年会費として一円で応援団員を募集していたので、それにならった方法である。こうすれば、固定のファンによる球場への集客が見込めるはずである。

なによりも、地元を拠点としたチームづくりは、田中のリーグ構想のときからの悲願である。その狙い通り、いつのまにやら会員数は、千人を突破する勢いとなっていった。

次なる策は、地元以外の客も取り込むことが必要だとしたが、いかんせん、洲崎球場の難点は、東京の中心地からの交通の便である。

そこで考案されたのが、青バスの乗車券付き入場券である。青バスは、球団副会長の長延連《ちょうえんれん》が経営する東京乗合自動車が運行している交通機関である。これさえあれば、洲崎球場までバスが無料で乗れるうえに、入場料が割引きになるのだから、多くの人が訪れるに違いない。洲崎の地に新しい風による活気がうまれようとしていた。

先進的な戦略の行方

潮干狩の時期が近づくと、グラウンドに海水がにじみ出る様子が顕著になってきた。外野手の坪内は、下が柔らかいから怪我をする心配はないと、飛び込んで捕球する練習をはじめる始末である。応援する側にとっては、そうした球場も愛着がでてくるのか、足を運ぶ客足はたえない。

さぞや田中もご満悦と思いきや、その姿はまったく精彩がない。それもそのはずで、国民新聞社の赤字は深刻であった。昭和八年に、大島宇吉が社長を務める新愛知新聞社は、経営難だった国民新聞社を手にした。しかし、いざ経営をしてみると、発行部数に見合う広告収入はなく、販売店の納金は滞りがちとなった。とても自立できるような状況にはなく、いまや新愛知からの持ち出した金は、三、四年の間に三百万円を超すほどになっていた。

そんな経営状況だから、新愛知から出向してきた社員は、年末の賞与で、これまで国民新聞に在社していた部下より低い額で我慢するほどである。当然ながら、大東京軍の選手たちへの給料も渋りがちであった。

義父である大島から期待されて東京に乗り込んだものの、うまくいかずに田中は焦るばかりである。

――球団を運営するための資金を調達してくれ――

こうしたときに呼び出されるのは、いつも鈴木である。金のあてなどあろうはずがない。頭をかかえるばかりだ。仕方なく監督の小西に相談してみると、共同印刷で重役を務めている大橋松雄を紹介してくれた。大橋は、早稲田大学で投手をしていたというから、理解があるかもしれない。

すぐさま二人は大橋のところへ向かい事情を説明すると、意外なことに球団の株の買い取りに軽く承諾してくれたのであった。それどころか、大橋の義兄の田村駒治郎にも協力してもらい、株を買い占めたいと意欲的だ。鈴木と大橋の思惑が一致すると、行動は早かった。

――大東京は自分が作り上げたものである。チームは誰にもわたさん！――

田中は怒り心頭である。たしかに鈴木に対して金の工面をしろと命じたものの、まさか、大橋らが株を買い占めているとは思いもよらなかったのである。とはいえ、いまや立ち向かうだけの資金はない。しぶしぶ彼は、国民新聞社が持っていた球団の株を全て大橋と田村に売却することに同意したのであった。わずか一年余りで田中の経営は幕を閉じた。

ここまで彼は、地域に根ざしたリーグ運営、チーム専用の球場、ファンを獲得するための会費制後援会など、次々と施策を打ち出してきた。その原動力は、あらゆる困難を自らの手で切り開いてきた経　験と自信からなるものである。

しかし、どれをとっても、まともな成果はみられず、周囲からは、どこか時代とかけ離れた奇想天外な試みとしか映らなかった。田中の発想力は、ときとして大風呂敷と揶揄され、その行動力は野心家と誤解をまねいた。

その先進的ともいえる球団戦略が世の中に認められるまでには、もうしばらく時間を要することになる。

ライオン軍　最強の宣伝作戦

広告は肥料なり

隅田川の辺にある小林商店は、大東京軍の合宿先からほど近くのところにある。大橋に連れられてやってきた鈴木と小西は、門を前にして、いく分緊張ぎみである。はたして話に乗って

獅子を象った常陸山の化粧まわし

隅田川の辺にある小林商店／（山際康之 所蔵）

くれるだろうか。

大橋は、球団への支援は約束していたものの、あくまでも資金は個人によるもので、安定した収入を得るためには、しっかりとした企業を探すべきであるとした。そして彼は、共同印刷がライオン歯磨の印刷で取引きをしている小林商店を紹介してくれたのであった。

商店で三人を出迎えたのは、三六歳の若き社長の小林喜一である。挨拶も早々、鈴木は球団への支援について切り出した。野球のヤの字も知らない彼のことだから、どこまで正確に伝えたかは別として、弁がたつのはたしかである。

そのことばをじっと聞いていた小林は、話を聞き終えるやいなや、「よろしい、出しましょう」と承諾してみせた。あまりの即答に鈴木は拍子抜けしたかもしれない。しかし小林は、ある可能性を感じ取ったのである。

小林商店の創業者である祖父の小林富次郎は、歯磨の品質改良には決して油断があってはならないと、努力を重ねてきた。その一方で、商品を植物にたとえると、それを育てるための肥料ともいえる広告も重要であるとして実践をすすめた。

明治三一年、富次郎は、歯を磨く習慣がまだ定着していなかった市場を開拓するために、我が国初ともいえる宣伝歌による楽隊広告を全国に展開した。物珍しさからか、歯磨の効能が流れるその歌は巡回先で話題となり、またたく間に浸透した。

——もっとたくさんの人々に歯磨を知ってもらいたい——

次に富次郎が目をつけたのは、多くの観客を集める大相撲である。二日間の興行を買い取り、歯磨を三個買い求めた客に対して無料で招待したのである。狙いは見事に当たり二万人もの観衆が商品を買い求めて詰めかけた。人気の常陸山《ひたちやま》が歯磨の獅子を象った化粧まわしで登場すると、場内はいっそう沸き、まさしく会場全体が広告のようであった。

こうした富次郎の着想は、以降、商店で引き継がれていった。いまの社長の小林も入社して最初に配属されたのが広告部であり、現場で体得したひとりである。鈴木の提案にすぐさま反応したのは、まさに祖父の教えから、職業野球という新しい分野での広告を見出したからである。小林の頭のなかにさまざまな構想が駆け巡った。

ライオンズにあらず

小林は、次回までに具体的な契約の条件を提示することを鈴木らに約束すると、早速、検討をはじめた。

まずはチーム名である。小林は、真っ先に商品名である「ライオン」をそのまま冠することを思いついた。試合があれば、球場でも新聞でも自然に名前が飛び交うだろう。宣伝にはもってこいである。

だが、ここで一つ問題が持ち上がった。それはチーム名だとすれば、複数形で表現するのでライオンズになるはずである。小林は、英国に留学していたので英語は堪能である。しかし彼は、あくまでも歯磨の商品名にこだわった。

―やはり我が社を象徴するライオンがいい―

顔となるチーム名が決まれば、あとは宣伝方法である。常陸山の化粧まわしがそうであったように、ユニフォームにライオンの名称を印そうと発想したのは、これまでの商店の歴史からごく自然である。そして、祖父がしたように、チームで全国を巡回することを考えたのであろう。こうして、小林は条件を具体化していった。

鈴木らが再び商店を訪れると、小林は、次のような契約の条件を提示した。

一、チーム名をライオンとする
また、ユニフォームにライオンの名称とマークを付けることとする
一、リーグ戦以外の期間は当社が指定する地域を巡業する
ただし、その費用は当社が出費することとする
一、当社から一カ月八百円を大東京へ出費することとする
一、リーグ戦の野球結果や選手の教育は大東京に任せることとする

これでようやく安定した資金が調達できる。鈴木にとっても、願ってもない条件である。喜んで提案に同意すると、契約日は昭和一二年八月一日に決まった。ライオン軍の誕生である。

ユニフォームに商品名

社長の小林は、広告部長の平野次郎に、職業野球のスポンサーになることを告げ、チームを利用した宣伝活動を準備するように命じた。

平野は突然の話に少し慌てたものの心が躍った。無理もない。暇をみつけては六大学野球を観戦していたほどの野球好きである。小林商店にも野球部があったが、試合には必ず応援に訪れ、終わると選手たちを自宅に招いては、ご馳走するほどの熱の入れようだ。

―これはおもしろくなってきた―

早速、平野はユニフォームのデザインをすすめるとともに、ライオン軍を披露するための催しの準備にとりかかった。

八月二一日、ライオン軍の顔見せとなる改称披露試合が行われた。この日の試合は、セネタース、巨人を相手に二試合を行うものである。三千の観客で膨れ上がった洲崎球場は、一般の客に交じって、特約店の店主や店員たちも招待していた。

見渡せばライオンを図案化したチームの旗でいっぱいである。視覚的に伝えることが重要だと考えた平野が、あらかじめ設置していたのである。

店主たちが座る席の方からは、「ライオン！　ライオン！」というかけ声が鳴り止まない。ベンチにいた選手たちは、普段見慣れない観客の多さに一瞬驚きながらグランドへ出た。ＬＩＯＮという商品名が書かれているなんとも珍しいユニフォームに少し照れているようである。

大東京軍
〝ライオン〟と改稱
新選手を加へ陣容强化

日本職業野球界にあつてその痛烈な打撃力と旺盛限りなき鬪志をもつて球名燦たる大東京軍は來るべき秋のシーズンの活躍をめざして目下關西、九州の各地遠征の途中にあるが、今度このチーム名「大東京軍」を「ライオン」と改稱することに決定、今八月一日から實施することゝなつた、猛打と驚異に生きる荒武者の如き風貌を持つ同チームが百獸の王ライオンの名を呼稱することは實にふさはしいものがある、新チーム名「ライオン」と改稱した同チームはその名の如く强力ならんことを期してチームの内容强化に努めつゝあり、すでに有力な選手數名の參加が豫約されてゐる

【寫眞ユニフォームのマーク】

第二世學生
相撲軍勝つ
―對關東學生選拔軍戰―

十八日來朝した米國相撲協會派遣第二世學生相撲選手の日本に於け

「大東京軍“ライオン”と改称」の記事。LIONの文字が入ったユニフォームが発表された／国民新聞　昭和12年8月1日（国立国会図書館 所蔵）

広告部には、図案を担当する画室があり、社外でも

評価されていた優秀な人材を多くかかえておりユニフォームを手掛けたのである。これまでにも商店内で行っていた運動会で、胸にＬＩＯＮを入れたユニフォームをデザインして店員に着用させていたので、少なからず基礎になっているのかもしれない。

いつも不甲斐ない試合にカミナリを落としていた鈴木も、たくさんの観衆を前にして、この日ばかりは選手たちを誇らしく感じたであろう。

試合がはじまると、観客席からはいっそうの声援が飛んだが、旗の視覚効果もあり、まるで球場全体が広告のようである。平野はライオン軍の成功を確信した。

全国を巡回して宣伝活動

頼りない顔ぶれではじまったチームも資金のあてができ、徐々に充実してきたようである。グラウンドでは、タイガースからやってきた投手の菊矢吉男がなかなかいい。野手に目を移せば、鬼頭数雄が黙々と素振りをしている。入団してからも給料のほとんどを親に仕送りしているといい、心優しい努力家である。

三塁手の柳沢騰市《やなぎさわとういち》は、もとは自転車競走の選手で、その後、映画の入江たか子プロダクションにいたという変り種である。そのせいでもなかろうが、どこかプレーも芝居気たっぷりのように見え、球場での人気者だ。

ライオン軍の主な宣伝巡業先

巡業年月	主な巡業先	対戦チーム	成績
昭和12年 8月	松本～新潟～東京	名古屋、巨人他	2勝 4敗
昭和13年 1月	高知～高松～徳島	セネタース	0勝 3敗
昭和13年 8月	横浜～新潟～秋田～函館	巨人他	3勝11敗
昭和14年 1月	岡山～熊本～小倉	巨人	4勝 3敗
昭和14年 7月	秋田～函館～釧路	タイガース他	3勝 3敗
昭和14年12月	名古屋	名古屋、金鯱	1勝11敗

チームは相変わらず弱いが、個性的な選手がなんとも微笑ましい。平野は、そうした選手たちや監督の小西に声をかけながら交流を深めた。

そのうち小西のほうも練習が終わると選手を連れ立っては、平野の自宅を訪れるようになった。若い選手たちはユニフォームとスパイクを庭先で脱ぐやいなや、平野の妻が大鍋でゆでたうどんをかきこんだ。食後は、野球の話に花が咲き、そのまま泊ってゆくこともしばしばである。誠実な人柄である平野と接した小西は、心から信頼できる友に出会ったようであった。

ところが、その小西が思わぬことで監督を辞任することになってしまったのである。球団の経営は、大橋から田村が主導するようになっていた。野球好きの田村は、暇があると試合の応援にいくという熱の入れようである。にもかかわらず、いつ観てもライオン軍はいいところがない。ついつい小言をいいたくなる。聞く側にとってはたまったものではない。小西のイライラは募るばかりであった。

昭和一三年七月、最下位から浮上できないライオン軍は、甲子園

試合と同時に行われた巡業先での宣伝活動／徳島毎日新聞　昭和13年1月15日（国立国会図書館 所蔵）

宣伝巡業試合はどこも満員となった／徳島毎日新聞　昭和13年1月19日（国立国会図書館 所蔵）

でセネタースとイーグルスを相手に二試合を行ったが、またもや連敗である。案の定、不甲斐ない試合を見ていた田村はなにか言わずにはいられなかった。

小西にとっても我慢の限界である。とうとう田村と喧嘩してしまい、ライオン軍の監督を投げ出してしまったのである。

平野は、翌月からチームを引き連れて北海道への宣伝巡業を計画していただけに影響がないか心配であった。なによりも、親しくなった小西の退団に胸が痛む思いだったであろう。

結局、巡業は予定通り行われることになった。その行程は、横浜を皮切りに新潟、山形、秋田、そして海を渡り北海道まで足を延ばすという長旅である。帯同する巨人軍や地元のチームとの試合は一四にもおよび、各地で試合にあわせて歯磨の宣伝活動を行うものである。

巡業がはじまると、どこの球場も大盛況となった。特に函館の湯の川球場での試合では、ライオン歯磨の帯封や袋のいずれかを二五銭分持参すると、内野席を五〇銭から半額の二五銭としたが、気がつけば観衆は一万人にも膨れ上がり球場開設以来の新記録となった。

—巨人に負けない人気だな—

歯磨を持って楽しそうに球場に訪れた人々を見て、平野も満足げである。

行く先々で歓迎されたライオン軍は、宣伝の成果だけでなく、選手たちにとっても大きな励みとなり自信へとつながった。

帯同した巨人軍にとっても収穫があった。それは、投手として登板していた新人の川上哲治である。巨人軍が地元の函館太洋《オーシャン》倶楽部と対戦した際に、代役として出場して猛打をふるったことをきっかけに打者として技術を開眼したのである。以後、彼は巨人軍の主軸として打撃の力を発揮していくのであった。

スコアボードの広告塔

グラウンドを見渡していた平野は、ほかに良い方法はないかと思案していた。これまで球場での広告は、ライオン軍の旗を設置していたが、やはり試合が始まれば観客の視界から外れてしまう。どこか物足りないものがある。

―そうだ、これなら大阪の通天閣に引けを取らない東京の名物になる―

彼がひねり出した案は、広告入りスコアボードの設置である。観客は毎回得点を確認する度に、いやがおうにも視界に入る。

これまでにも小林商店は、多くの野外広告を設置してきた。その代表的なものが、大正九年に出現した大阪の通天閣の広告塔である。高くそびえ建つ電燈は、遠方からでもはっきりと見える。前代未聞の宣伝に、新しい物好きの大阪の人々は大喜びであった。球場を舞台にした実に大胆な発想は、こうした背景から生まれたものであろう。

当時は珍しかったスコアボードの企業広告（写真右）／読売新聞社　昭和16年1月5日（山際康之 所蔵）

試合中に海水が流れ出す椿事を起こしていた洲崎球場は、いまやほとんど使用されていない。それに代わる球場として東京の中心部に後楽園スタジアムが建設されていた。平野は設置場所を後楽園に定めると、鈴木を通じて交渉をすすめた。

提案を聞いた後楽園は、ちょうど前年の秋に東京を襲った台風によってスコアボードが吹き飛んでしまい、修復に頭をかかえていたところだっただけに渡りに船である。とんとん拍子に話がすすむとスコアボードの寄贈は、昭和一四年のリーグ開幕戦となった。

三月一八日、開幕戦で全チームの選手が見守るなか、スコアボードの寄贈式が開始された。いよいよお目見えである。外野中央に建てられたボードの両翼には、紅白の幕が張られている。合図により除幕されると、両側に「ライオン歯磨」という大きな文字のスコアボードが現れた。球場は一瞬、驚きの声がもれたと思うと、大きな拍手と変わり、やがて声援となった。

――いや、驚くのはこれからだ――

この日にあわせてもう一つ準備していたものがある。それは、山田耕筰の作曲によるライオン軍応援歌「制覇に進む若き獅子」の発表である。創業者の富次郎が宣伝歌によって人々の関心を呼び起こした方法と同じである。

コロムビア所属の歌手・伊藤久男、中野忠晴らと、コロムビア・リズムボーイズアンドシスターズによる合唱が球場中に流れはじめた。

制覇に進む若き獅子
作詞　八木好美
作曲　山田耕筰

戦機は熟す　今まさに

嵐と勢ふ　白熱の
鉄腕肩に　魂込めて
乾坤！挙る　秋いたる
見よ昂然と　眉上げて
制覇に進む　若き獅子
ラ・ラ・ラッ、
ラ・ラ・ラ・ラ・ラ
ライオン野球軍

スコアボードと応援歌、そして声援が加わり、まるで球場全体が一つの空間を演出しているようである。渾身の出来栄えに、平野はいつまでもスコアボードを眺めていた。

ライオン軍消える

三年ほど前にはじまった日中戦争は、昭和一五年になっても収まることなく泥沼の様相を呈している。米国との関係も悪化の一途をたどるばかりであった。

欧州に目を向けると、イタリアではムッソリーニによるファシスト体制となり、ドイツでもヒトラー政権下での挙国一致がすすめられている。日本も流れに取り残されるなと、第二次近衛文麿内閣は新体制運動を展開していった。

連盟もこうした情勢に対応すべく頭をひねったが、なにをしたらいいのか皆目見当がつかない。それもそのはずで、新体制ということばだけがひとり歩きするなか、近衛自身も具体的な試案があるわけではない。そんな調子だから、連盟の理事が理解できるはずはない。そうとはいえ、世間の手前もあり、なんとかしなければならない。考えた末に出された結論は、日本語化であった。

いちはやく反応したのが巨人軍である。投手のスタルヒンを須田博へと改名してしまったのである。それに続けとタイガースもチーム名を阪神とし、イーグルスは黒鷲に改称した。セネタースにいたっては懸賞金百円で一般に公募して東京翼軍と発表する始末である。まるでなにかの熱にでも浮かされたような連鎖である。

そうしたなかで連盟が頭を痛めたのはライオン軍である。小林商店との契約がある。ましてや、ライオン歯磨の商品名は、日本語に変更しているわけではないから、他のチームのように獅子とはいかない。ライオンは、世間で使われているマッチやラジオと同じだという意見もあったが、やはり連盟としての統一した姿勢が求められる。

仕方なく、連盟での決定事項を伝えるべく鈴木は、小林商店を訪れ、平野に面会した。

—実は連盟としまして、ライオンというチーム名の使用ができなくなりまして……—

—えっ！—

—時局柄、英語は好ましくないという結論で……—

—今後、契約をしないということですか—

—チーム名を変えれば問題ありません。例えば、獅子とか……—

—ライオンは人の名と同じです。もし突然自分の名前が無くなったらどう思いますか？—

—それは……—

—自分の存在が否定されたことと同じです。ライオンを否定するのであれば、私たちのこれまでの仕事も否定されたということです。鈴木さん。この意味わかるでしょうか—

めっぽう弱いがどこか憎めない。平野は、そんなライオン軍が大好きであった。いまそのチームが消えようとしている。悔しさでいっぱいになった。

昭和一六年一月一七日、小林商店との契約期間が終了すると、朝日軍への改称が発表された。

ラ軍「朝日」と改称

球団名は「朝日」軍と変更された今後の活躍を期することになった

読売新聞　昭和一六年一月一八日

三年半続いたライオン軍は終止符をうった。

連盟は英語の使用を禁じたが、ライオン歯磨の新聞広告は、昭和二〇年二月二七日まで続けられた。小林商店のライオン軍と田中の大東京軍があった下町が、東京大空襲に見舞われたのは、それから二週間ほどたってからのことである。三月一〇日、三二五機のB29が襲いかかると、歓声でわいた野球の地は跡形もなく消えていた。

職業野球は戦後、プロ野球として発展を遂げた。観客席から見える選手たちのプレー、そしてユニフォーム、スコアボード、球団歌など、すべての風景が一体化している。小林と平野の広告魂は、いまでも生きている。

職業野球の時代を知る三冊

私たちが何気なく見ているプロ野球の光景は、歴史を振り返ってみると、先駆者たちの苦難の積み重ねによって成り立っていることがわかる。プロ野球の創成期に職業野球と呼ばれていた時代は、まさにその出発点といえる。

『広告を着た野球選手』は、ライオン歯磨を販売していた小林商店広告部の男たちが職業野球による宣伝活動に挑戦した話である。商品名の入ったユニフォーム、商品購入者への試合の招待、広告入りスコアボードなど、卓越した着想とそれを裏打ちする企業人魂が、次々と新しい広告を実現させていく。いまでは当たり前のように行われているスポーツマーケティングの原形だ。

話はライオン軍の前身である大東京軍の時代から辿りながら展開されていく。そして、米英との関係悪化により遂にチーム名の日本語化が連盟より下されライオン軍が消えることになる。しかし、

広告を着た野球選手
〜史上最弱ライオン軍の最強宣伝作戦〜

著者:山際康之
出版社: 河出書房新社
ページ数: 270ページ
形式:単行本　(電子書籍　Kindle版も有り)

広告部はとんでもない大逆転の秘策を考えていた!?

弱小チーム軍を指揮する監督の小西得郎や個性的な選手たちが登場し、地方への宣伝巡業での試合の様子なども描かれている。また、黒人投手ボンナや移籍が叶わなかった巨人軍の田部武雄など幻の選手たちが登場し、本書から数々の秘話を知ることができる。

兵隊になった沢村栄治
～戦時下職業野球連盟の偽装工作～

著者:山際康之
出版社: 筑摩書房　(ちくま新書)
ページ数: 286ページ
形式:新書（電子書籍　Kindle版も有り）

日本職業野球連盟の創立総会が行われたのは、二・二六事件のわずか20日ほど前のことである。翌年には日中戦争がはじまり、以降日本は、太平洋戦争へと突きすすむことになる。まさに、職業野球の時代は戦争そのものの歴史である。

『兵隊になった沢村栄治』は、戦争に翻弄される職業野球選手と連盟の存続にかけた理事たちの話である。

日中戦争がはじまると、巨人軍の沢村栄治ら選手たちは、次々と戦地に送り込まれていった。兵士になった沢村が戦地で見たものは、死と直面する壮絶なものである。命からがら帰還したものの、もはや昔の面影はなかった。

米英との戦争に突入すると、職業野球は敵性競技として軍の検閲対象となっていく。待ち構えていたのは、陸軍報道部の大尉である。危機を感じた連盟事務長である鈴木龍二や名古屋軍の赤嶺昌志らの理事たちは、職業野球を存続させるために、偽装工作を考えはじめた。

しかし、戦局が悪化していくなかで大尉の検閲は厳しくなるばかりである。とうとう全ての野球用語を日本語化せよと迫ってきた。これに対して理事たちは、ストライクをヨシ一本などして順応する態度を見せる一方、次なる軍の命令が出る前にと、隠れ蓑となる策を次々と講じていく。そこへきて、またも沢村が召集された！

八百長リーグ
～戦時下最大の野球賭博事件～

著者：山際康之
出版社：KADOKAWA
ページ数: 200ページ
形式：新書（電子書籍　Kindle版も有り）

綿密な調査から新しい事実が掘り起こされており、野球史好きには必見の1冊といえる。

戦前の職業野球を舞台にした作品を手掛ける山際康之の戦前の職業野球を舞台にした作品を手掛ける山際康之の最新作は、「八百長リーグ」である。

昭和17年、あるチームにいた内野手が同僚から八百長の誘いを受けた。戸惑いつつも今回だけだとはじめた不正であるが大金を手にすると、その行為は麻痺し助長していった。気がつけば選手たちは集団となり、試合を操作していた。そしてついに、八百長は他のチームへの広がりを見せていった。

警察の捜査の手が伸び、陸軍から睨まれるなか、はたして日本野球連盟は、不正を食い止めることができるのだろうか。そして、八百長をしている選手とは、いったい誰なのだろうか。

今なお繰り返し起こるプロ野球界の不祥事の本質が見えてくる。

第3章

松竹ロビンス誕生秘話

田村駒・大橋松雄と安田財閥のお嬢さん

松竹ロビンスのオーナー、田村駒治郎は本人のみならず夫人もまた大の野球ファンであった。そしてその縁から、田村駒の元に球団オーナーの話が舞い込む——松竹ロビンス誕生の裏に、財閥の結びつきがあった。子孫の証言と、貴重な資料からたどる、球団誕生秘話。

堤哲

田村家に嫁いだお嬢さん

「チャーちゃんは、素敵なおばあちゃんでした。高校のころ、よく隣に遊びに行きましたが、ロビンスのことになると目を輝かせましてね。奥のクローゼットからアルバムやサインボールなどのグッズを取り出して、説明してくれました。六本木にマンションを持っていて、甲子園からしょっちゅう新幹線で往復して、東京で何が流行っているか教えてくれました。ビートルズの東京公演（1966年）も武道館へ一人で行ったようです」

ロビンスオーナー・2代目田村駒治郎の妻禮子《れいこ》さん（1985年没、享年80）の思い出を語るのは、孫の慶應義塾大学法学部教授・田村次朗さんである。取材当時58歳、現在（2019年5月時点）60歳。

禮子さんは、家族から「チャーちゃん」と呼ばれていた。禮子さんの長男、取材当時88歳、現在90歳になる忠嗣さん（現3代目駒治郎）、つまり次朗さんの父親が、幼時に「かーちゃん」と言えずに「チャーちゃん」と言っていたことから、一家での愛称になった。

次朗さんは、子どもの頃、5年間ニューヨークで暮らした。東京銀行に勤めていた父親忠嗣さんの海外勤務にともなうが、2年目にNYメッツがワールドシリーズで初優勝した。1969（昭和44）年のミラクルメッツである。自身もリトルリーグで活躍し、アメリカで中学まで野球チームに属していた。

専門は独占禁止法。元法務省事務次官で検事出身の根来泰周《やすちか》さん（2013年没、享年81）と公正取引委員会委員長時代に知り合い、その根来さんがプロ野球コミッショナーとなって、プロ野球有識者会議のメンバーに加わった。ドラフト制度の改革などに知見を披歴した。

「根来さんと最初にお会いしたとき、田村さんってロビンスの、といわれました。ファンだったらしいんですね。思わぬことで田村家がプロ野球界と再びつながりました」

◇

禮子さんは、安田財閥一族のお嬢さんだった。安田財閥といってもピンと来ないかもしれないが、その中核の安田銀行は当時、日本のトップバンクであった。
北康利著『銀行王　安田善次郎―陰徳を積む―』（新潮社）によると、1928（昭和3）年末の金融資本力（預金と保険準備金の合計）は――。
安田　14億2700万円
三井　9億7700万円
三菱　9億1500万円

一楽荘の娯楽室、野球記念品グッズの前で（鬼頭数雄選手（戦死）が首位打者をとった時、1940年撮影）

住友　8億6000万円

と、安田がダントツである。

一代で安田財閥を築き上げた善次郎は、大磯の別荘で暗殺された。1921（大正10）年9月28日のことで、「金持ちでケチという悪評が立っていただけに、世間は善次郎の死に、ほとんど同情を寄せなかった」「一方で、犯人の朝日平吾は英雄扱いされていく。時の首相・原敬が東京駅頭で刺殺されるのは、善次郎刺殺のわずか2か月後。それは朝日平吾が英雄扱いにされたことが引き金になったとも言われている」と記述されている（前出『銀行王　安田善次郎』）。

戦後の財閥解体のあと、安田銀行は、富士銀行に名称変更。さらに第一勧業銀行、日本興業銀行とともにみずほホールディングスを設立し、現在はみずほ銀行となっている。

安田の名前が残っているのは、東大のシンボル安田講堂、旧安田庭園（墨田区横網）、安田学園くらいか。そういえば日比谷公会堂にも安田善次郎のレリーフがあった。JR鶴見線の安《あん》善《ぜん》駅もそうである。

家系図を見ると、禮子さんは、初代安田善次郎（1838〜1921）の妹（つね、常子とも）の次男安田善助（1872〜1945）の次女である。安田財閥をつくりあげた善次郎は大伯父にあたる。

余談ながらオノ・ヨーコは、善次郎の孫の長女、つまり曽孫にあたる。

結婚、そして一楽荘

禮子さんの生家・安田善助邸は、現在、品川区立品川歴史館（大井6丁目）になっている。茶室と庭園は、当時のままだ。

父善助は、人事興信録によると、共済生命、安田商事、小湊鉄道（五井〜上総中野）、水戸鉄道（現JR小山〜水戸など）各社長。グループ企業の経営トップをいくつも務めているのだ。

禮子さんは、東京府立第一高等女学校（現東京都立白鷗高等学校・附属中学校）を卒業して、1927（昭和2）年11月2日、2代目田村駒治郎（駒太郎）に嫁ぐ。

安田銀行大阪支店が田村駒の取引先で、その支店長が斡旋してお見合いをしたという。

新婚の田村駒治郎・禮子夫妻。中央は東郷平八郎

このとき、禮子22歳、駒太郎23歳。1年3か月後の1929（昭和4）年2月4日、長男嘉一郎（のち忠嗣、三代目駒治郎）が生まれた。前述の通り、「チャーちゃん」の〝名づけ親〟である。

1931（昭和6）年3月31日、初代駒治郎が64歳で死去、駒太郎が二代目駒治郎を襲名した。27歳だった。

初代駒治郎は、摂津国池田村（現大阪府池田市）出身で、丁稚奉公から身を起こし、田村駒商店を創業した。モスリンの染色から始まって、意匠柄で天皇賞を受けるなど洋反物商として活躍し「千万長者」に成り上がった。1925（大正14）年には貴族院議員に就任する。多額納税者議員だった。

2代目駒治郎は、1934（昭和9）年に太陽レーヨンを設立、製造業にも手を広げる。積極経営だった。太陽レーヨンは、1941（昭和16）年に帝国製麻（社長が禮子さんの父安田善助）と合併して帝国繊維となり、安田善助が社長、駒治郎が副社長を務めた。

禮子さんは、その後、二女、一男に恵まれる。大阪市内の住宅では手狭になり、甲子園に1万坪の土地を購入して、豪壮なお屋敷「一楽荘」をつくりあげる。完成は、1939（昭和14）年の暮れだった。

建坪800坪の洋館、それに和風家屋。庭園には大きな池。邸内に滝が落ち、川が流れていた。詳しくは三代目が描いたイラスト（10ページ）を見ていただきたいが、正門から洋館の玄関まで、かなりの距離がある。テニスコートもプールもあった。

シェパードを最大100頭飼っていたといい、ドイツジーガー（牡）を2万5000円、ジーゲリン（牝）を1万円で購入した。プロ野球の選手の契約金が2000～3000円、月給が200円前後の時代に、である。ドイツから訓練士も雇い入れたが、1944（昭和19）年に戦時中の飼料不足などから全犬を陸軍に寄付、犬舎を閉鎖した。後にこの犬舎を改築して、プロ野球の独身選手の合宿所にしている。

「戦時中、ガソリン不足で木炭自動車が走っていましたが、ウチには電気自動車がありました。車輪がヒッコリーの木製で、バッテリーを夜間に充電していました」と三代目駒治郎さん。今騒がれているEV時代を、1世紀近く前に先取りしていた。

B29の空襲で、「一楽荘」の洋館は焼け落ちた。しかし、和風家屋は類焼を免れ、戦中から戦後の住宅難に、福音となった。「小鶴（誠）や岩本（義行）選手は夫婦で住んでいましたよ」

禮子さんは、ここを訪れる野球人にサイン帳を用意した。藤本定義、川上哲治、真田重蔵、別所昭（毅彦）、別当薫、小西得郎、小鶴誠、大島信雄……（72ページ参照）。

駒治郎は、東京にも別宅を持っていた。赤坂の氷川邸。これは空襲の被害に遭わずに焼け残り、戦後、プロ野球のオーナー会議が開かれるなど歴史に名を残している。

ディマジオとポラロイド写真

松竹ロビンスオーナーになった田村駒治郎の夫人禮子さんがニューヨークヤンキースのジョー・ディマジオと撮った写真がある。ディマジオのサイン入りだ。

写真の裏には「19, Oct. 1951 KORAKUEN Stadium」とある。ディマジオは、日米野球で米大リーグ選抜軍の監督兼外野手として来日、翌日の巨人との第1戦を前に、後楽園球場で練習をした。現役最後の年で、背番号「5」はヤンキースの永久欠番となった。

禮子さんはオーナー夫人としてグラウンドに降りて、練習の合間に記念撮影したと思われる。「実はこの写真、母親が持っていたポラロイド写真機で、巨人の監督・水原茂さんが撮ってくれたものです。ディマジオにその場でサインをもらったそうです」と、息子の三代目駒治郎さん。

左端は、米大リーグ選抜軍のオドール総監督。半身しか写っていないのは、水原素人カメラマンの腕のせい？　オドールは、1949（昭和24）年にサンフランシスコ・シールズの監督として来日、日本のファンにはお馴染みの顔だった。

それにしても禮子さんが、今から68年も前にポラロイド写真機を保有していたことにビックリする。禮子さんは写真を撮るのが趣味で、アルバムに貼った選手の写真の多くは、愛用のコンタックス（ドイツ製）で撮影した。

NYヤンキースのディマジオ選手と。ポラロイド写真で撮影、サインをもらった（1951年10月19日撮影）

この年の3月から6月にかけて駒治郎は渡米、大リーグの野球協約「ブルーブック」を持ち帰った。これが日本の野球協約の元になったのだが、そのときにポラロイド写真機もお土産にしたのだろうか。

ディマジオがマリリン・モンローと結婚して、新婚旅行で訪日するのは、それから2年3か月後の1954（昭和29）年2月である。

大東京軍から始まる田村家の野球への道

さて、田村家と野球である。

田村駒治郎のもとに、禮子さんの5歳違いの妹芳江さんが嫁いだ共同印刷専務・大橋松雄（1904〜1942）から「大東京」球団の売却話が舞い込んだ。駒治郎は、大の野球好きだった。自身も天王寺商業時代に野球部にいて、田村駒商店にも野球のチームをつくって、従業員と一緒にプレーをしていた。このチームは、のちに都市対抗野球大会で準優勝する（後述）。アメリカでは大リーグの球団オーナーは尊敬されていることを、独身時代の欧米視察旅行で知っていた。だから義弟からの話に飛び付いたのだ。

左から谷口五郎、大橋松雄、藤本定義、竹内愛一、児玉政雄（満鉄球場にて大正13年撮影）

義弟の大橋松雄は、早稲田大学野球部で活躍した左腕投手だった。東京高等師範付属中学（現筑波大学附属中・高等学校）の最上級5年生だった1921（大正10）年夏、芝浦球場で行われた京浜大会で優勝戦まで勝ち進み、「付属の大橋」は注目選手となった。コントロールがよく、速球にも威力があった。家柄から慶應志望と思われていたが、同じ左腕投手で3歳年上の谷口五郎（釜山商、1901〜1980、野球殿堂入り）に憧れて、早稲田の門を叩く。

喜んだのは監督の飛田穂洲《すいしゅう》（1886〜1965、野球殿堂入り）だった。最上級生の谷口、2年生の竹内愛一《よしかず》（京都一商）、新人の大橋と、投手陣に3本柱ができるからだ。

大橋投手は順調に育っていった。谷口五郎が卒業したあとの早大のマウンドは、竹内と大橋で守った。さらに新人で松山商業から藤本定義（1904〜1981、野球殿堂入り）が加わった。盤石の投手陣だった。

大橋松雄のピッチングフォーム

1924（大正13）年夏、満州遠征して、満鉄、大連実業と対戦、各2試合を行って「大橋のおかげで全勝した」と飛田は書き残している（『大橋光吉翁伝』1958年刊にある追想集「大橋松雄君の生涯」の「白面の快投手」）。

早稲田大学野球部の成績を見てみよう。大橋が入学した1922（大正11）年春4位、秋優勝。翌1923（大正12）年春優勝、秋3位。1924（大正13）年春・秋優勝。

早稲田の黄金時代である。まだ東大が加盟する前〝五大学〟のリーグ戦だが、早慶戦は1906（明治39）年秋に中止になって以来、行われていない。

翌1925（大正14）年の春、東大が加盟して東京六大学リーグ戦となった。成績は3位に終わったが、シーズン終了後の6月末、大橋は、飛田監督の自宅を訪ねる。

「長い間お世話になりました。今度野球部を退部させていただきたいと思います」

愕然とした飛田が、その理由を問いただす。

「格別理由はないのですが、心境の変化とも云うのでしょうか」

飛田は「秋には早慶戦が復活する。宿敵シカゴ大学も来日する。危急存亡の時に、退部する

大橋松雄共同印刷専務取締役

「容貌魁偉」田村駒治郎とダンディー大橋松雄の義兄弟

のは男のやることではない」と説得する。

しかし、大橋はそのまま退部してしまうのだ。そして何をしたか。卓球部を創設して、学生チャンピオンになってしまった。レフティー、左打ちである。

どうやら「一球入魂」飛田監督の精神野球に嫌気がさしたらしい。同期入学の氷室武夫（のち芥田、姫路中、1903～87、野球殿堂入り）が、同じ追想集に寄せている。

〈(大正）14年夏早大は軽井沢で夏期練習を行いましたが遂に大橋君は参加いたしませんでした。当時監督だった飛田さんは、常に〝君達は趣味として野球をもっている。それでいゝんだから他の趣味は持ってはいけない〟映画も音楽もすべて捨てろと云う事です。その頃の若い私達にはそれは何だか割り切れない気持でした。……青春再び来たらずという考えがどこか心の底にひそんでいました〉

大橋と氷室は、練習の合間に左団次の芝居を見に行ったりしていた。

後年へ続く大橋家と野球のつながり

退部は「大橋家のおぼっちゃんのわがまま」で通ったのだろうか。

早大野球部のOB会「稲門倶楽部」は、途中退部者を会員にしていない。ただ、安部磯雄（初代野球部長、1865～1949、野球殿堂入り）の許可があれば推薦会員という例外規定があった。安部磯雄の喜寿のお祝いを前に、大橋はOB会の仲間入りをした。お膳立てをしたのは飛田で、その祝賀会で久しい握手を交わした、と書いている（前掲書）。

改めて「稲門倶楽部」の名簿を確認すると、大正11年入学で大橋松雄の名前がある。芥田武夫、竹内愛一、河合君次（岐阜中）らと並んでいる。

大橋家は、博文館・共同印刷を主体にした一大コンツェルンで、大橋財閥とも呼ばれていた。初代大橋佐平―大橋新太郎―大橋進一と、出版社「博文館」社長は受け継がれていくが、進一の弟正介は、慶應義塾野球部の外野手だった。

慶應義塾野球部は、1908（明治41）年に初の海外遠征でハワイに行くが、正介は、その遠征に加わっている。この遠征で監督の鷲沢与四二は、13歳の少年だった日系二世・腰本寿（1894～1935、野球殿堂入り）を連れ帰った。腰本は、慶應普通部が第2回全国中等学校優勝野球大会（1916（大正5）年）で優勝したときの学生監督。卒業後、大阪毎日新聞（大毎）の記者となり、プロ野球のない時代に最強を誇った「大毎野球団」のキャプテン。慶應義塾野球部の監督になって、東京六大学野球リーグ戦で10戦10勝するなど、名監督として知られる。

大橋正介は、3年後の1911（明治44）年のアメリカ遠征にも参加する。当時19歳。サンフランシスコ到着前日にマラリアに冒され、1試合に出ることもなく、先に帰国。1年8か月後の1913（大正2）年3月に死去する。父大橋新太郎、兄進一名で、葬儀の案内・葬送御礼の新聞広告が出ている。さらに「大橋新太郎の寄付」の見出しで、結核予防協会に1万円、白十字社に1千円。慶應義塾野球部にもスタンド新設の費用として1千円を寄付した、と新聞記事になっている。

博文館は、かつて『野球界』という野球専門月刊誌を発行していた。「博文館がこの雑誌を出したのは、正介さんの死を悼み、その遺志を生かすため」と、『野球界』編集長の池田恒雄（のちベースボール・マガジン社長、1911〜2002、野球殿堂入り）が証言している（『鈴木龍二回顧録』）が、博文館の野球界社が「野球界」創刊号を発行したのは、1911（明治44）年9月1日。投書欄に「大橋さんの病気は何うです」と、正介を心配する記事が載っている。

大東京の買収、ライオン軍誕生

それはともかく、「大東京」の買収話である。大橋松雄を球団代表の鈴木龍二（元国民新聞社会部長、のちセ・リーグ会長、1896〜1986、野球殿堂入り）に紹介したのは、「大東京」の第三代監督・小西得郎（のち松竹ロビンス監督、1896〜1977、野球殿堂入り）である。

大橋松雄は「私の教え子」と、小西は自著『したいざんまい』（実業之日本社）に書いている。江戸っ子の小西が大橋家のおぼっちゃんの家庭教師でもしたのだろうか。

小西得郎は、ロシア文学者の父をもち、旧制三高（現京都大学）に合格したが、東京に舞い戻って明治大学に進学。野球部に入って、のちキャプテンとなる。

「田村も細君も野球が好きだから……てんで、大橋さんに連れられて、大阪へ行って田村さんにお目にかかったら、その場で、ようし、ひとつやろう」となった（『したいざんまい』）。

1936（昭和11）年の秋のことだった。翌37年8月1日、大橋一族が株主となって、経営陣が一新した。

大橋松雄が専務取締役、鈴木龍二が常務取締役、取締役に博文館社長の大橋進一と田村駒治郎が入った。

そして「タイガーより強いのはライオンだ」と、ライオン軍とチーム名を変え、ライオン歯磨とスポンサー契約を結ぶ。

しかし、球団経営はお金がかかる。大橋家内部でも反対の声があって、「よっしゃ、オレに任せておけ」で、駒治郎が株を引き取って、本拠地も大阪に移してしまった。

駒治郎は田村駒と太陽レーヨンの二つの野球チームをもっていた。米大リーグを知っているだけに、ノンプロで選手を育てて、ロビンスへという頭があった。

後楽園球場で、この2チームが顔を合わせたことがあった。1939（昭和14）年の第13回都市対抗野球大会2回戦。兄弟対決と話題になったが、田村駒は、大学出を揃えた太陽レーヨンを2-1で破り、勢いに乗って準優勝したのだ。

東京日日新聞（毎日新聞の前身）は「大会一の番狂はせ／庄内、大阪を屠る／河内投手の冴え」と報じた。

田村駒は大阪府庄内村、太陽レーヨンは大阪市の代表だった。

チーム紹介にこうある。「中等学校出の無名選手のみでチーム編成」「野球は店主田村駒治郎氏が進んで奨励しているから幹部総動員しても猛烈なる声援が選手連の闘志をわきたたせて『近畿代表』の結実を得た」。

大阪	0	0	1	0	0	0	0	0	0	1
河内	0	0	0	2	0	0	0	0	×	2

この試合の両チームの先発メンバー——。

太陽レーヨン	田村駒
④布　谷（明　大）	④浅　井（大垣商）
⑧村　上（明　大）	⑥大久保（福井商）
③灰　山（慶　大）	③白　石（中外商）
⑦萩　野（日　大）	⑤後　藤（豊橋商）
⑤戸　川（浪　商）	⑨瀬　尾（豊橋商）
①東　本（明　大）	⑦兼　田（岡山一商）
②松　村（敦賀商）	②棚　橋（明星商）
⑨平　尾（明　大）	①河　内（愛知商）
⑥佐　野（丸亀商）	⑧谷　口（彦根商）

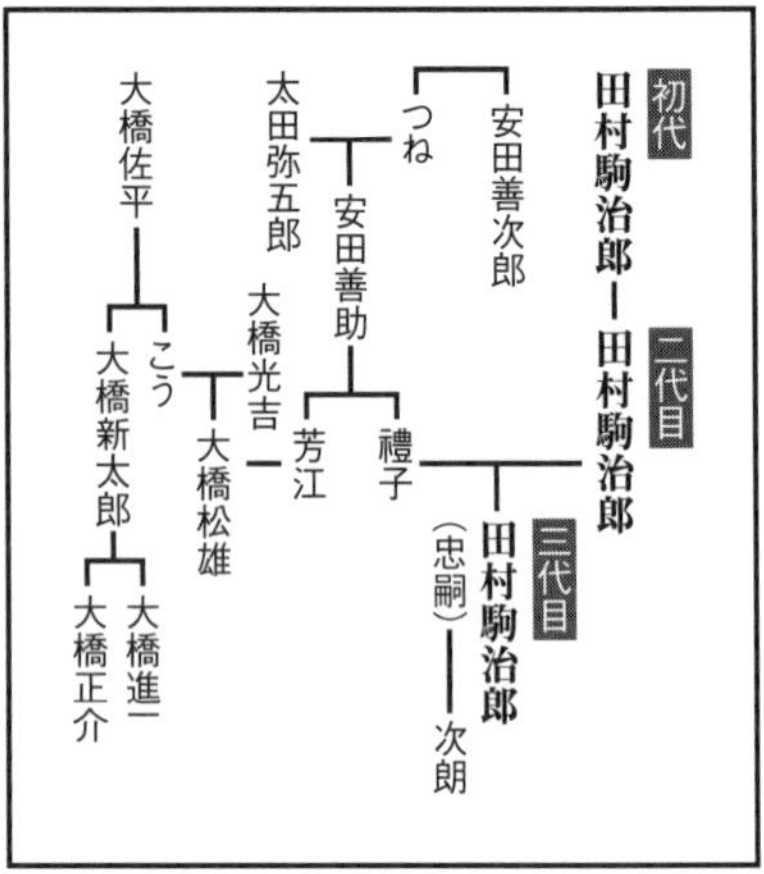

田村駒は、決勝で東京代表藤倉電線に0－3で敗れた。

「若武者庄内、力闘して敗る／怪腕河内の力投及ばず」と東京日日新聞は報じた。

◇

「魁偉な容貌、巨大な体で一族郎党を引きつれて球場に現れ、味方が勝てばあたりかまわず大はしゃぎし、負ければ眠ってしまう傍若無人さなど、一つの球場名物であった」

駒治郎は、読売新聞「新日本風土記」（1956（昭和31）年2月13日夕刊）でこう紹介された。

いつも夫と行動をともにした野球好きの禮子さんは、とりわけ慶應のファンだった。「山下大輔選手がロビンスの流れを汲む大洋ホエールズ（現横浜DeNAベイスターズ）に入団したときは喜んでいましたね」と孫の次朗さんが話す。

息子の現三代目駒治郎も、慶應義塾大に入学したときは野球部に入った。岩中英和（和歌山中）、吉岡宏（尼崎中）、関原伸一郎（掛川中）らが一緒だった。「甲南中学では一番ショートでレギュラーだったのですが、大学ではレベルが違いました」と述懐する。

後楽園スタジアムをつくるとき、大橋松雄は監査役で入った。「後楽園はプロ野球の本舞台になる」といって、義兄の田村駒治郎と一緒に株の買占めを画策した。戦争が激しくなって計画倒れになった、と鈴木龍二が書いている（『プロ野球・こんなこと』ベースボール・マガジン社）。

株式会社後楽園スタヂアムの発起人のメンバーの一人に、大橋松雄とともに山崎種二の名前がある。田村次朗教授の夫人妙子さんは、その孫で、山種美術館の館長である。

安田家―田村家―大橋家―山﨑家。「千万長者」つながりは、庶民にはあずかり知らないところがある。

禮子さんのサイン帳

田村駒治郎夫人の禮子さんが、一楽荘の応接室に置いたサイン帳がある。タテ20㎝、ヨコ15・5㎝、A5判ほどの大きさのノートだが、戦前・戦後の多くの野球人がサインを寄せている。貴重な野球史料だ。

その始めのほうのページに、野球殿堂入りの大物二人の名前がある。

昭和17年5月15日東京巨人軍藤本定義
東京巨人軍川上哲治

藤本37歳、川上22歳だった。

藤本は、この年の暮れに5年間務めた巨人軍監督を辞任し、翌1943（昭和18）年1月田村駒商店に入社、「朝日軍オーナーだった田村駒治郎氏の鞄持ちになった」と、自著『実録プロ野球四十年史』（恒文社刊）に記している。

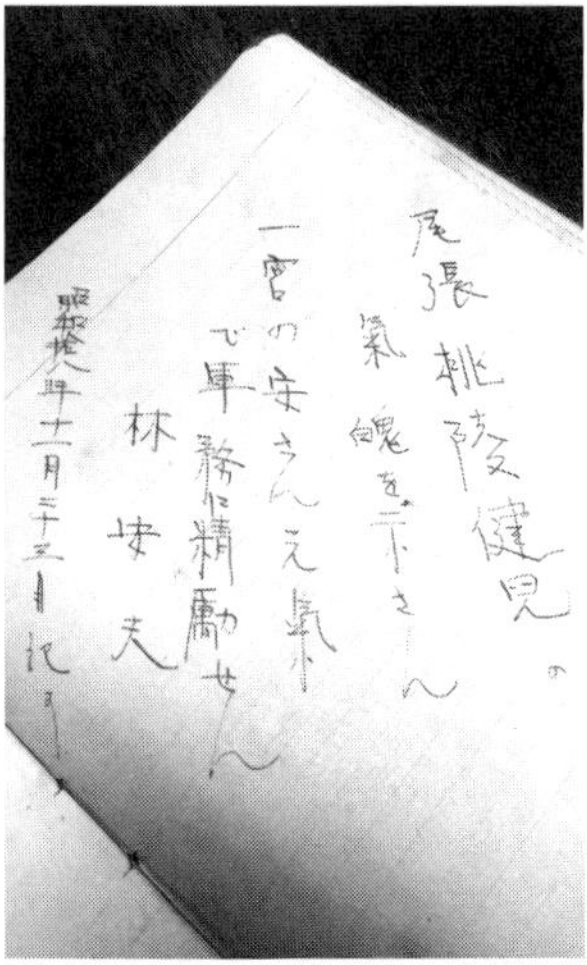

そして戦後、朝日軍の監督になるが、「呼び名を太平、英語名をパシフィックとした」「天下太平、太平洋のごとく洋々という意味でパシフィックとしたもので、田村駒治郎夫人の発案であった」。

禮子さんがパシフィックの名づけ親なのである。

藤本は、選手獲得のため、一楽荘に選手を呼んだ。藤井勇（大阪タイガースでプロ野球公式戦第1号本塁打を記録）、白石敏男（のち勝巳、野球殿堂入り）、藤村隆男（藤村富美男の弟）、辻井弘（のち広島カープ主将）、小島利男（のち西日本パイレーツ監督）らだが、パシフィックの登録メンバーでサイン帳に名を残しているのは、他に投手真田重蔵（野球殿堂入り）、スタルヒン、捕手伊勢川真澄、佐竹一雄らがいる。

サイン帳には、戦没者のサインも多く残されている。

投手・林安夫。１９４２（昭和17）年朝日軍入団。その年、32勝22敗、防御率１・01で最優秀防御率のタイトルを獲得した。このシーズンの投球回数は５４１回と３分の１。これはアンタッチャブルレコード（不滅の大記録）だ。

尾張桃陵健児の気魂を示さん
一宮の安さん元気で軍務に精励せん

林は、こう記して、出征した。昭和18年11月23日とある。（右ページ写真参照）

同じ日付で「七生報国」野本良雄、「靖国神社で会う日まで」早川平一とある。二人は「靖国」入りは免れたようだ。

渡辺静は、その８日後の12月１日に「滅死奉公　吾が心きたへしくれし野球かな」［原文ママ］と書いた。応召されて退団の挨拶に一楽荘に寄ったのだろう。「滅死」がツライ。特攻隊員となって戦死、22歳だった。辞世の句を残している。「いざ征かん　雨も風をも　乗越えて　吾れ沖縄の球と砕けん」。

東京ドームに設置されているプロ野球人の戦没者の「鎮魂の碑」には、もうひとり鬼頭数雄の名もある。大東京軍の生え抜き選手。ライオン時代の１９４０（昭和15）年、打率３割２分１厘で首位打者を獲得した。禮子さんが応接室で撮った写真のバックに、鬼頭選手の写真が写っている（56ページ参照）。

田村駒治郎オーナーの天王寺商業後輩に坪内道則（野球殿堂入り）。朝日軍の監督になる前年の昭和18年11月30日に延々書き込んでいる。ちょっと長いが戦前のプロ野球事情が分かるので、引用したい。

〈私の入団したのは昭和11年9月1日です。其の名大東京軍。私のような未熟者が入団するのだから強い筈がありません。只無茶苦茶に打棒を振り球を投げ駈けずり廻りました。上井草球場、洲崎球場、後楽園、西宮、そして甲子園球場。その間目まぐるしき変転がありました。国民新聞社の手から現会長田村様の手に移ったのが昭和13年2月の事だったと思います（注：前年8月1日付で会社登記）。

日本野球創立年を経ずして支那事変が起り、亦大東亜戦争に突入し日本野球も自ずと使命なり趣きの急変を来たし、此処に吾々も良兵であり、良選士であらねばならぬ、そしていざ鎌倉の秋野球で鍛えた此の体で御国の楯とならねばならぬ。吾々若人の行く道は只一つである。

話が戻るが大東京からライオンへ、そして朝日軍と改名し其の後幾多の有名無名の選士が入れ代わりました…今の朝日軍の選士達は右記の時代精神に生きる立派な若者であります。此の立派な若者を指揮する私は自分の不足をつくづく思います〉

肩書きは「朝日軍首将」。

〈吾々は元々の覇気で此の日本野球を気分的に変え様と思ひました…吾々の技術未だの感深し、統帥の任も亦重く至難の事。此の秋の私は野球技にも自己の修養にもなりました。其の事言へば紙数尽くる無し。首位打者になった事、枯木に花の咲く如く、東西対抗西軍主将に任ぜられたる。吾、自己の足らざるを知り、其の任重く、汗顔の至り也〉

戦況が悪化して、プロ野球も中止になった。1945（昭和20）年2月27日で再び書き込んでいる。

〈大好きな野球ともお別れする時が来た。此も皆お国の為、此の年迄良くやれたものだ。実に感無量である。プロ入りして9年、足掛け10年、一日の如し。此の間去就せし幾十の球友を想ひ亦球場に会える日を念願して其の日を楽しみに待つ〉

中堅手坪内道則、32歳とある。坪内は戦後、中日監督、西鉄、中日のコーチ、ロッテ二軍監督などを務めた。1997（平成9）年没、83歳だった。

一楽荘には、戦後も訪問者が絶えなかった。歌手の灰田勝彦が、別所昭（当時、毅彦と改名、野球殿堂入り）と一緒にやってきた。早慶戦のヒーロー、早稲田の末吉俊信—宮原実のバッテリー、慶應のエース平古場昭二も。

「ノーヒットノーランゲームノ快記録樹立。最優秀投手ニ邁進ス」真田重蔵（昭和23年9月6日大陽3−0阪神。点を取らなくては、とオーナー命令で「太陽ロビンス」が「大陽ロビンス」に変わった年）。禮子さんは、この真田投手がお気に入りで、他の選手から（依怙贔屓《えこひいき》）とやっかまれた。

ライオン軍生え抜きでは、監督小西得郎（野球殿堂入り）、主将水谷則一（慶大）、投手菊矢吉男（関大）、同近藤久（名古屋商）ら。

1リーグ最後の1949年の大陽ロビンス監督・石本秀一（大阪毎日新聞広島支局記者から母校広島商業を4度日本一、大阪タイガースの二代目監督。戦後、広島カープ初代監督。野球殿堂入り）。

戦後、1950（昭和25）年の2リーグ時代に、松竹ロビンスがセ・リーグで初優勝を決めた時、オーナー自ら後楽園球場のグラウンドに降りて、選手たちと喜びを分かち合った。禮子さんもスタンドにいたはずだが、残念ながらその動静はスポーツ紙にも報じられていない。

昭和25年11月11日付のスポーツニッポン新聞には、「打棒の勝利」と小西監督の談話のあと、田村駒治郎オーナーのコメントが載っている。

「長い間望んでいた優勝をようやく確定できて私は本当に嬉しいと思いました。また運がよかったとも思っています。監督をはじめ選手の健闘に対して深い感謝を捧げたいと思います」

このあとパ・リーグ優勝の毎日オリオンズと「日本ワールドシリーズ」を戦ったが、2勝4敗で敗れた。戦前の予想はロビンス有利と見られていた。小西監督は、オーナーが不満を漏らすのに怒って監督を辞任する。後任監督の新田恭一は「勝利」とサインしている（昭和26年6月22日）。

松竹ロビンスでは、「水爆打線」小鶴誠（八幡製鉄から飯塚誠の偽名でプロ入り。本塁打51本を放った）、岩本義行（野球殿堂入り）、大岡虎雄、金山次郎らに、投手大島信雄らのサインが残っている。野球殿堂入りした別当薫（大阪タイガースから毎日オリオンズ選手・監督、そのあと近鉄、大洋、広島でも監督を務めた）のサインもある。

一方、野球殿堂入りしている鈴木龍二（国民新聞社会部長から大東京軍の球団代表、戦後セ・リーグ会長）、田中勝雄（ベーブ田中。早大のホームラン打者。元早大監督、朝日軍代表）らは一楽荘を訪れているはずなのに、サインがない。

禮子さんが20歳の時、早慶戦が復活した。安田財閥のお嬢さんは、慶應ファンだった。プロ野球が誕生して間もなく球団のオーナー夫人となり、セ・パ2リーグとなった最初の年にセ・リーグを制覇した。

禮子さんは、野球の隆盛とともに生きた。うらやましい野球ファン人生だった。

残されたサイン帳が一層輝きを増している。

第4章

野球好きだった稀代の名優から
掘り起こす、野球と芸能の深い関係

野球と六代目尾上菊五郎

稀代の名優、六代目尾上菊五郎は大の野球好きであった。実は、興行会社である松竹がチームを持つにあたって、この六代目が大きな役割を担っていたという——。自ら野球チームを作り、また選手たちとも交流の深かった“大スター”の姿を通じて、野球と芸能の歴史を追った。

広尾晃

松竹ロビンスを実質的に運営した「田村駒」は大阪の商社だ。大阪での仕事が長かった私は船場のこの会社の近辺をしょっちゅううろうろしていたが、田村駒については編集部でしっかり取材をしているので、ここでは「野球と芸能」にまつわる側面について書きたいと思う。

芸能界の巨大企業、松竹

松竹ロビンスはセ・リーグの初代優勝チームである。名前を冠された「松竹」自体は、設立時こそ大谷竹次郎社長が乗り出すなど熱心だったが、田村駒が主導権を取り戻してからは球団運営には、ほとんど関与していない。名前を貸し、スポンサードをしただけ。今でいうネーミングライツに近い関係だった。

本拠地は京都の衣笠球場ということになっていた。この球場は今はなく、立命館大学のキャンパスになっている。私は若い頃、この学校に通っていたが、電柱に「衣笠球場」と書いていたのを不思議に思ったものだ。この話は小誌の以前の号に書いた。衣笠球場は京都の中心部からも遠く、ほとんど利用されなかった。

松竹は白井松次郎、大谷竹次郎という双子の興行師が興した芸能会社だ。二人の名前を取って「松竹」である。明治から昭和にかけて歌舞伎、文楽などの芸能を次々と傘下に収め、多くの劇場も所有する巨大な総合芸能会社になった。

映画に進出したのも1920（大正9）年ときわめて早く、日本の映画のパイオニアと言ってもよい。

しかしプロ野球が2リーグに分立したこの時期、新興の大映、東映、宝塚歌劇を母体とする東宝などの映画会社が台頭し、松竹は守勢に回っていた。

松竹は1949（昭和24）年には全国の証券取引所に株式上場をしたが、投資家の信頼を得るためにもさらなるアピールをする必要があった。

1950（昭和25）年に松竹が球団を持とうとしたのは、永田雅一率いる大映がパの盟主を標榜したことへの対抗心があっただろう。それとともに松竹の球団所有は今でいう「IR（株主への広報活動）」でもあった。

六代目尾上菊五郎という役者

松竹がロビンスというプロ野球チームを持つにあたっては、ある偉大な歌舞伎役者がかかわっている。六代目尾上菊五郎だ。

「尾上菊五郎」が歌舞伎役者の名前であることは誰でも知っている。しかし、六代目菊五郎は、今の我々のイメージをはるかに超える国民的な大スターだった。昭和の時代、劇通の間では「ろくだいめ」といえば菊五郎のことを指した。それほど大きな存在だった。

六代目尾上菊五郎は、1885（明治18）年、五代目尾上菊五郎の長男として東京に生まれた。父の五代目は、明治期に「団・菊・左」と謳われた偉大な歌舞伎役者だ。「団」こと九代目市川團十郎、「左」こと初代市川左団次とともに、明治の歌舞伎界に一大ブームをもたらした。

この五代目の御曹司として生まれた六代目は、12歳になると父のライバル、九代目市川團十郎に預けられ、厳しく芸を仕込まれる。親子では芸の伝授は難しいという父の判断だが、これによって六代目は、父譲りの華やかで古風な芝居と、「実劇」など明治の演劇界に革命を起こした「劇聖」九代目團十郎の、近代的でアクティブな歌舞伎をともに身に付け、スケールの大きな役者になった。

六代目は踊りの名手と言われたが、これも九代目團十郎の薫陶によるとされている。

父の死後、六代目を襲った菊五郎は、大正時代に入ると、同年代の初代中村吉右衛門とともに「市村座」を本拠として次々と意欲的な公演を行い、「菊・吉」時代をもたらした。

当時の歌舞伎は、今のような「古典芸能」ではない。映画が未発達な中で、日本最高の芸能だった。その頂点に立つ菊五郎は、まさに国民的なスターだった。

今も、東京の噺家は落語の中で「こりゃ、音羽屋のやるこっちゃない」というセリフを使う。この「音羽屋」とは菊五郎の屋号だ。ちなみに「おとわや」ではなく「たーや」と訛るのが本寸法だ。

音羽屋こと六代目菊五郎は、男前の代名詞であり、絶対的なスターだった。道を歩けばファンが取り囲んだのはもちろんだが、ときの総理大臣から財閥のトップまでもが六代目と親交を結びたがった。

今はこういう大スターは見当たらない。昭和の時代でいえば長嶋茂雄に相当するのではないか。

遊びも道楽も破天荒

六代目は舞台の上で素晴らしかっただけでなく、暮らし向きも遊び方も豪快だった。大正期には贔屓から送られた運転手付きのパッカードで東京市内を移動した。

道楽は多岐にわたるが、クレー射撃はプロ級の腕前、ゴルフも大好きで、舞台の合間を見つけてはコースを回った。相撲も好きで、屋敷に土俵を作り、幕内力士を招いて相撲を取った。

また女性の方も華やかで、本妻のほかに新橋芸者あがりでのちに後妻になおった権妻がおり、さらに妾にも家を持たせた。今なら下司だ不倫だ、一線を越えたのとやかましいことになるだろうが、歌舞伎役者が艶福を振りまくのはあたりまえ。何しろ、明治の名優初代中村鴈治郎は二十歳の時に「芸道に精進するため、女を断った」と述懐している。女性と浮名を流すのも役者の仕事のようなものだった。菊五郎は、常に女性と華やかな話題を振りまいたが、これも「音羽屋」の功徳だとされた。ただ菊五郎は、自分の意志で女性と付き合いはしたが、当時の役者によくあった「女に買われる」ことは一切なかったという。好きな役者を買うのは、当時の富裕な婦人のひそやかな楽しみだったが、菊五郎はそれを拒絶したという。

楽屋には訪問者が引きも切らず。ライバルの初代中村吉右衛門が、開演寸前まで一人でひっそりと黙想に耽ったのに対し、音羽屋はチョーンチョーンと柝《き》が入ってもまだ気の置けない友人と軽口を叩くようなおおらかさだった。

つまり、六代目尾上菊五郎は、芸だけでなく人柄も大衆に愛されたのだ。

震災がきっかけで、野球に入れあげる

野球はそんな趣味多き六代目の楽しみの一つに過ぎなかった。

しかも、ほんの一時期、野球に入れ込んだだけだが、何事もスケールの大きな菊五郎は、少なからず野球界の発展に貢献した。

六代目菊五郎は、早慶戦が始まった1903（明治36）年頃から野球に興味があったのではないかと思われる。何事によらずにぎやかなことが大好きだった音羽屋である。早慶戦の喧騒はすぐに気に入ったのではないか。

1923（大正12）年に関東大震災が起こり、東京の中心地が焦土と化すと、六代目菊五郎

の一座は阪急の創業者、小林一三の誘いもあって宝塚で芝居興行をした。

宝塚には、日本初のプロ野球チーム「日本運動協会」の後身である「宝塚運動協会」が身を寄せていたが、菊五郎は、宝塚球場で練習をしている選手たちと仲良くなった。

最初はちらっと球場を覗くだけだったが、次第に夢中になり、芝居の公演中でも合間を見つけては球場に駆けつけた。そのために楽屋口には人力車夫が車の幌を上げてずっと待ち続けていたという。

自分の定宿に選手全員を招待してすき焼きをごちそうしたり、菓子を差し入れたりした。機嫌が良いときには選手に声色で怪談を語ったり、野球の技術にも通じる踊りの芸談を語ったりしたという。

当代一の大スターが、自分たちのためだけに芸を披露してくれる。菊五郎が選手たちのファンになるのと同時に、選手たちもすっかり菊五郎に魅せられたことだろう。

こうして野球見物をするうちに、病膏肓《やまいこうこう》に入るで、菊五郎は自分も野球がしたくてたまらなくなった。

後年、菊五郎はでっぷり太って貫禄のある役者になったが、40歳そこその頃までは、激しい動きの踊りが得意で、引き締まった体つきをしていた。野球もできたのだ。

ついに三つの野球チームのオーナーに

選手側も「旦那、おやりなさい」と焚きつける。こうして東京へ戻ってから菊五郎の野球チームができた。1924（大正13）年のことだ。

菊五郎は「相手がなければ試合はできない」ということから、一度に三つものチームを作った。チームではなく、リーグまで道楽で作ったのだ。

まず一つ目が「寺島ベースボールクラブ」。寺島は菊五郎の本名である。当時はアルファベットの略称をつけるのが流行っていたので「T・B・C」と美容サロンのような名前も付いた。主将は六代目菊五郎その人、ナインには市川男女蔵（のちの三代目市川左団次）、二代目尾上菊次、尾上志げる（のちに舞踊に転じ二代目西川鯉三郎）、長唄の富士田音三久（のちの七代目富士田千蔵）、初代柏伊三郎、二代目柏扇之助ら十数人。

二つ目が、「カージナルス」。若手役者で菊五郎の養子の七代目尾上梅幸、弟の六代目板東彦三郎、のちに映画俳優になった中村梅太郎、尾上柏三郎（のちの二代目尾上梅祐《うめすけ》）ら。

そして三つ目が「ジャイアンツ」。初代中村又五郎、坂東好太郎。好太郎は当時まだ13歳だった。後年、映画スターとなって自分の野球チームを持っている。

ユニフォームにはすべて大リーグに倣って「T・B・C」「Giants」「Cardinals」と英語の

ロゴが入れられていた。用具もユニフォームも本式の豪勢なものだった。

選手はみんな素人だが、技術顧問として宝塚運動協会の大賀六郎、大貫賢、山本栄一郎などがついた。素人の野球チーム相手に一線級のアスリートが指導をしたのだ。豪華なことである。これらのスポーツ選手は尾上菊五郎の書生のようになって、柏木の菊五郎邸に居候していた。

「寺島ベースボールクラブ」はどんな試合でも、六代目菊五郎がエースで4番。

しかし40歳近い菊五郎である。

「マウンドの音羽屋は、様子はいいが、球がキャッチャーまで届かないのが玉に瑕」と陰口をたたかれた。

親方に恥をかかせてはならないと、次第に「技術顧問」の面々がバックを守り、菊五郎のリリーフをするようになった。

生涯を通じて、どんな舞台でも絶対的な主役だった菊五郎だが、野球の試合でもそれは変らなかったのだ。

菊五郎は、東京に戻っても宝塚運動協会を支援した。彼らが遠征してくると、チームの定宿だった新宿区築土八幡の旅館を訪れて豪華な差し入れをし、選手相手に快談をするのが常だった。

菊五郎の野球チームは、三田の慶應グラウンドや隅田公園などを借りて、いろいろなチーム

打者は息子の二代目尾上九朗右衛門、捕手は養子の七代目尾上梅幸、審判が六代目菊五郎　柏木の菊五郎邸で　大正13（1924）年ころ　改造社刊『六代目菊五郎』より

と試合したが成績は「まあまあ」というところだったようだ。

もともと、六代目尾上菊五郎は早稲田の贔屓だったという。その関係で、早稲田のOBが中心になって設立された日本運動協会の後身の宝塚運動協会を支援したと書いた記事があった。しかし、その後菊五郎は、慶應の贔屓になった。

一説によると、昭和初年、早慶戦が再開した折に六代目が早稲田を通じて、大量に早慶戦の切符を買おうとしたときに、早慶戦人気が過熱していたので早稲田側が「三分の一にしてくれ」と枚数を値切ったのが菊五郎の癇《かん》に障ったという。それを聞きつけて慶應側がチケットを手配し、そこから早慶が逆転し、慶應が好きになったという。いかにも「役者子ども」の菊五郎らしいエピソードだ。

ただ、六代目菊五郎は北新宿の柏木から転居して、三田綱町（現在の港区三田二丁目）に広い屋敷を購入している。屋敷の東側の塀の向こうは慶應義塾大学のキャンパスだ。のち慶應義塾塾長となる小泉信三ともご近所になった。菊五郎は引っ越し魔だったので、また芝に引っ越すが、そういう縁で、近所の慶應の野球選手と顔なじみになって、贔屓になったということもあったのではないか。

六代目に愛された慶應義塾大野球部の面々

やがて菊五郎邸には、慶應の錚々たる選手たちが書生として住み込むことになる。その中には小野三千麿、新田恭一、三宅大輔、浜崎真二、後には宮武三郎、山下実の顔もあった。

こうした選手たちは、菊五郎の声がかかれば、ユニフォームを着てエース菊五郎のバックを守ったのだった。

なかでも浜崎真二は特に可愛がられたようだ。

１９４２（昭和17）年６月、菊五郎一座は満州を芸能使節団として訪問した。当時、浜崎は甘粕正彦が理事長の満州映画に在籍して野球をしていた。甘粕と菊五郎は旧知の仲だったが、浜崎はこのとき、菊五郎を訪ねている。

菊五郎から二番目の妻の寺島千代宛てに寄越された手紙には

「６月12日　浜崎が、おやじさん、やせたやせたといいます。ズボンががたがたです」というものがある。「おやじさん」という言葉に、菊五郎と浜崎の親密な関係が表れている。

また、山下実は慶應義塾大学時代、早慶戦の前日に練習を無断で休み、宿舎を抜け出して、菊五郎の楽屋に顔を出したことがある。

菊五郎が「オイ怪物、いままでどこをウロチョロしてたんだ。明日という日は何の日だか知ってるのか、オイ早慶戦だぞ。練習を無断で休むなんて、とんでもネェこった。ズボラもほどほどにしネェ」と歌舞伎役者らしい口調で叱りつけると、山下は
「ではお聞きしますが、寺島さん、あんたは鏡獅子を出す前の日にあらためてケイコをしますか。菊五郎ともあろう人が練習をしますか」とやり返したという。

山下は菊五郎を「寺島さん」と本名で呼んだ。菊五郎は慶應の大学生と書生気分で交流していたのだろう。

時代はやや下がるが、水原茂も菊五郎に高く評価された。早慶戦を観戦した六代目は、「あの三塁手は、鍛えれば間違いなく日本を代表する踊りの名手になる」と菊五郎ならではの表現で褒めたという。

小西得郎と六代目の奇縁

なお、菊五郎邸でごろごろしていた野球選手の中には小西得郎の顔もあった。

小西は慶應ではなく明治大学だが、彼は他の選手よりもはるかに古くから菊五郎を知っていた。

手記によれば、小西は中学（日本中学）時代、新宿きっての女郎屋新金楼の倅と同級生だった。この同級生が菊五郎と懇意で、彼を通じて小西は菊五郎と知り合った。

小西は、菊五郎一座が公演する市村座に通い詰めた。25日の興行を一日も休まず通ったこともあるという。芝居が終わると菊五郎は一門の役者とともに夜食を食べ、夜中から稽古をする。小西得郎は、これにも付き合い、芸事の厳しさを学んだという。

あまりにも菊五郎や芸事に入れ込んだため、小西は大学教授だった父小西増太郎に勘当を食らうことになる。

小西はその後、第三高等学校を蹴って野球をするために明治大学に進むが、以後も歌舞伎界と縁があった。小西にとって歌舞伎は野球とともに肌身に染みついた道楽だった。

菊五郎が「寺島ベースボールクラブ」を作った頃、小西は神楽坂の芸者置屋の主だった。菊五郎から「おい、やるよ！」と言われればグラブ片手に二つ返事で出かけていったのだ。

この縁もあって、小西は松竹の初代監督になる。

後年、小西得郎は「何と申しましょうか」で知られる軽妙な語り口の野球解説で一世を風靡したが、この名調子の下地には、野球と同じくらい好きだった「歌舞伎」などの「芸事」があった。小西の話芸は、たっぷりと「芸の肥やし」が利いていたのだ。

大正末期、六代目尾上菊五郎は本業の歌舞伎では苦境に立っていた。

菊五郎率いる市村座は、1920（大正9）年に二枚看板の一人中村吉右衛門が松竹傘下の歌舞伎座に移籍、以後、多くの役者が松竹に走った。女形として無二の相手役だった尾上菊次郎にも先立たれ、芸の上でも行き詰っていた。

そういうこともあって、菊五郎は野球に打ち込んだのかもしれない。

1927（昭和2）年には菊五郎も松竹の軍門に下る。松竹傘下では菊五郎は再び中村吉右衛門とともに二枚看板として活躍する。

野球も「芸事の修行」のうちだった

この稿を書くにあたって、六代目菊五郎を題材にした多くの文献に当たった。しかし歌舞伎評論家や作家たちは、菊五郎の野球にはほとんど触れていない。せいぜい「野球も道楽の一つだった」と書いている程度だった。彼の偉大な足跡の中では、野球はほんの些事だったのだ。

しかし菊五郎は単なる趣味、道楽として野球に打ち込んだわけではない。野球選手の動きは、歌舞伎の動きに通じるものがある。投手と打者の駆け引きも、役者の立て引きに通じる、と考えていたようだ。

菊五郎は、夫婦げんかをしても、女房が思わず菊五郎の襟元をつかむと「ちょっとお待ち、それでは型が悪い」と言って、やり直させたという逸話を持っている。頭の中は常に「歌舞伎」

「芸事」だったのだろう。

菊五郎の後継者となった七代目尾上梅幸は、義父から「野球は芝居と同じで主役一人でできるものではなく、九人が一致協力してはじめてゲームが成立するのだから、それは人の和が大事だ」という芸談を聞いている。

また、「ボールは投げる時も受ける時も軟球だと間が悪い。それにひきかえ硬球は常間で飛んでくる」といって、もっぱら硬球でやっていたという。

高名な劇評家、渥美清太郎は「これら（菊五郎の道楽）は遊戯でもなく、スポーツでもなく、やっぱり芝居だったのである。芸だったのである」と評している。

ユニフォーム姿の六代目尾上菊五郎と愛息二代目尾上九朗右衛門
朝日新聞社刊『聞き書き尾上九朗右衛門』より
九郎衛門のユニフォームは「寺島ベースボールクラブ」のものと思われる。

松竹ロビンス設立にかかわったのか？

菊五郎は終戦後の1947（昭和22）年、芸術院会員になる。名実ともに日本の芸能界の最高となった。

しかし1949（昭和24）年4月、眼底出血で倒れる。

ちょうどこの時期、プロ野球の初代コミッショナーに就任した正力松太郎は、記者会見で「既存の6球団を8

球団にして、ゆくゆくは12球団として、2リーグにする」という二リーグ構想をぶち上げた。
これを機に球界再編が勃発、多くの企業がプロ野球参入に手を挙げた。なかに松竹の名前もあった。前述のとおり永田雅一の大映が、球界再編の台風の目となっていたことが、松竹を刺激したのだろう。

当時の社長、大谷竹次郎が小西得郎に球団設立を相談。小西は阪急監督だった浜崎真二を監督、この年シベリア抑留から帰還した水原茂を助監督にして、松竹球団を立ち上げようとした。慶應出身の浜崎や水原は、菊五郎の縁もあって小西と懇意だったのだ。

しかし、既存球団である大陽ロビンスが、新本拠地の選定で難航、一時的ではあったが資金繰りにも窮していたので当時日本野球連盟の会長だった鈴木龍二が間に立って松竹がロビンスを買収する構想をまとめたという。鈴木龍二はロビンスの前身大東京の初代社長として野球界に入った。小西は鈴木と同い年で、大東京の初代監督でもあった。おそらく小西がこの構図をまとめたのだろう。

浜崎は阪急監督にとどまり、水原は巨人の監督になったために、監督には小西得郎が就くことになった。そしてセの初代優勝チームになったのだ。

松竹球団の設立に際し、六代目尾上菊五郎が大谷竹次郎社長の意向で動いたという話がベースボール・マガジン社の『プロ野球史再発掘 4』という本にあったが、私は懐疑的だ。

球界再編騒動が起こったまさにその時期に、菊五郎は病に倒れ、7月10日には死去しているのだ。いくら松竹の社長とはいえ、大谷竹次郎が菊五郎の病床でその話をしたとは思えない。また、菊五郎が健在だった、正力が球界再編構想を打ち上げる前の時点で、松竹が球団を持つ意向があったとも思えない。

さらに言えば、そういう経緯があれば、六代目菊五郎を生涯崇拝していた小西得郎が回想などで書いているはずだが、その形跡はない。

ただ、松竹ロビンス設立前後に動いた野球人の多くが、六代目菊五郎に可愛がられた人たちだったのは間違いない。そういう意味で、菊五郎は松竹ロビンス設立に関与したと言えなくもないだろう。

菊五郎の寿命がもう少しだけ長ければ、松竹ロビンスの1950年の快進撃をスタンドから観戦して、大いに喜んだことだろう。「うちの会社が優勝したって？　そりゃ豪儀なことだ」と喜んだに違いない。残念なことだ。

7月に亡くなった菊五郎に、この年11月、政府は文化勲章を追贈した。

受け継がれた「野球好き」のDNA

六代目菊五郎の芸の後継者には養子の七代目尾上梅幸がなった。梅幸自身は菊五郎を名乗らず、その子が七代目尾上菊五郎となった。妻は富司純子、当代の音羽屋だ。

実子の二代目尾上九朗右衛門は父の死後、アメリカに留学し、その後アメリカの大学で日本文化の教鞭をとることになった。ボストンのハーバード大学にも勤務したが、レッドソックスのファンだったという。

愛嬢の久枝は、ライバル中村吉右衛門の16歳年下の弟の十七代目中村勘三郎に嫁した。そして生まれたのが、先年物故した十八代目中村勘三郎。菊五郎には孫に当たるこの勘三郎は、祖父の死後生まれたために直接教えを受けたことはないが、踊りの名手であり、立っているだけで舞台に華が咲くといわれた生来のスター性などは、六代目生き写しと言われた。「コクーン歌舞伎」など新しい試みも次々成功し、歌舞伎界を担う大黒柱となっていた。

受け継いだのは芸だけではない。勘三郎は、歌舞伎界きっての野球好き、しかもMLBのアリゾナ・ダイヤモンドバックスの大ファンだった。アメリカでも何度も観戦し、たくさんのグッズを集めて悦に入っていた。そういう稚気も祖父譲りだった。

2012年、57歳で早世し、多くのファンを悲しませたが、その臨終の場には深い親交があった同い年（学年は1年上）の江川卓が立ち会った。

菊五郎にはもう一人、養子がいた。大川橋蔵（厳密には菊五郎の後妻千代の養子）である。のちにテレビ時代劇「銭形平次」でお茶の間のスターになったが、この「大川橋蔵」という

尾上菊五郎関連　略系図

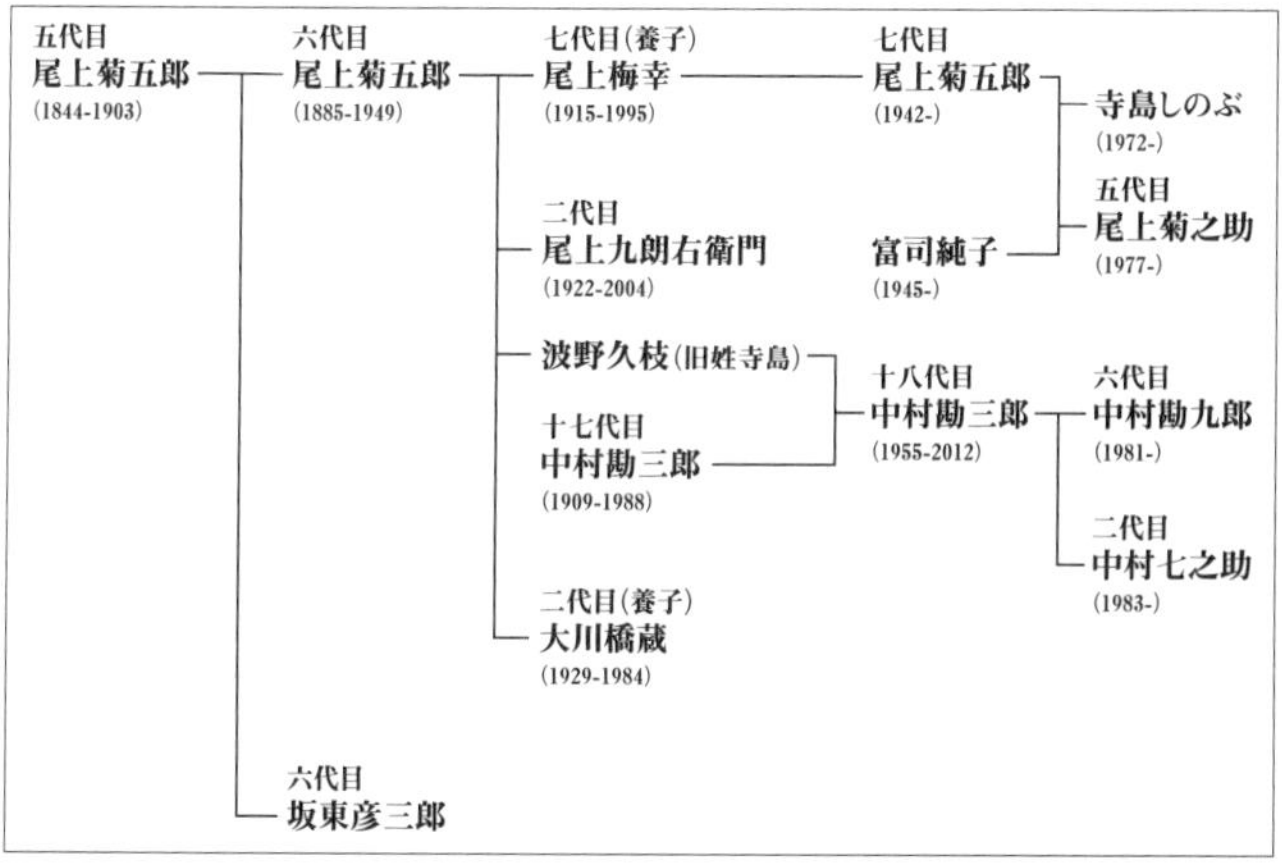

名前はもともと歌舞伎の名跡で、二代目に当たる。終戦後、若手歌舞伎役者として売り出したが、菊五郎という後ろ盾を失ったこともあり、東映に勧誘されて映画俳優になった。

菊五郎は歌舞伎界一の大看板だったが、道楽も歌舞伎界一だったために死後、資産はほとんど残っていなかった。そのために後妻の千代は「三嶋」という料亭を切り盛りすることとなったが、その料亭で義母に映画俳優への転向を涙ながらに打ち明けたという。

東映の社長は大川博。東急グループ創始者の五島慶太の右腕として、東映を実質的に設立。同時に東急フライヤーズのオーナーとなった。「ちみぃ」と舌足らずでしゃべることでも知られる球界の名物男だった。大川オーナーはフライヤーズのパーティに大川橋蔵ら東映のスターたちもよく呼んだ。大下弘、土橋正幸、張本勲ら当時の東映のスター選手と大川橋蔵は親交を結んだ。

こういう形で、菊五郎の家族は、次の世代も野球と深いかかわりが続いたのだ。

六代目尾上菊五郎の豊かで多彩な才能は、今の歌舞伎界にも脈々と息づいているが、その「野球愛」も、プロ野球や大学野球の興隆に少なからぬ影響を及ぼした。

殿堂入りすべきとまではいわないが、日本一の歌舞伎役者、六代目尾上菊五郎は、日本野球の歴史に華やかな1ページを加える存在だったのだ。

大東京軍（1936・昭和11年）

ライオン軍（1937秋・昭和12年秋）

朝日軍（1941・昭和16年）

パシフィック（1946・昭和21年）

太陽ロビンス（1947・昭和22年）

大陽ロビンス（1948・昭和23年）

松竹ロビンス（1950・昭和25年）

大洋ホエールズと合併（1953・昭和28年）

第5章

松竹ロビンス年代記 1936-1952

松竹ロビンスは1936年から1952年までの16年間NPB設立時の球団として名を残した。球団名が変わりながらも戦前、戦中の時代から戦後紆余曲折を経て、1950（昭和25）年にセ・リーグ初の優勝チームの栄光にも輝いた。しかし、時代の荒波にもまれながらも、大東京軍を引き継いだ田村駒治郎オーナーが球団経営をしていたが志半ばに1952（昭和27）年シーズン終了後、大洋ホエールズ（現横浜DeNAベイスターズ）と合併、球団は消滅する。その16年の道のりを記録で振り返ってみよう。

三塁打	本塁打	塁打	打点	盗塁	四球	死球	三振	打率	完投	完封	被安打	被本塁打	与四球	与死球	奪三振	自責点	防御率
2	0	111	42	13	76	3	81	.200	7	0	117	4	104	2	57	70	5.16
11	0	229	76	40	131	8	136	.205	15	0	234	1	199	6	112	118	4.34
25	8	550	167	92	211	7	240	.220	30	3	456	4	359	8	203	167	3.01
22	12	519	187	74	222	8	181	.233	22	1	402	18	314	15	193	217	4.45
10	8	313	88	25	133	3	130	.211	22	2	295	8	208	7	133	125	3.72
11	9	360	139	30	226	10	143	.216	26	3	251	8	217	4	202	105	2.62
32	8	860	266	96	384	12	341	.217	50	8	748	16	487	8	335	298	3.11
29	3	767	192	64	461	12	431	.187	44	7	789	9	438	10	389	284	2.76
7	10	638	167	106	398	10	306	.191	44	5	612	12	490	18	226	196	2.24
20	10	800	184	136	347	12	343	.189	71	16	642	7	422	9	298	152	1.41
25	5	713	192	96	307	5	273	.211	67	23	517	4	297	6	297	140	1.63
8	4	350	96	46	128	2	132	.237	25	4	254	1	225	4	122	98	2.85
32	24	1112	331	59	443	14	344	.232	75	11	918	17	429	15	295	339	3.23
45	36	1244	296	76	341	17	335	.228	94	9	920	22	485	19	354	304	2.55
50	39	1497	402	138	338	14	395	.236	80	16	1261	62	387	15	357	481	3.47
42	92	1799	542	71	373	23	478	.265	58	5	1339	119	454	15	396	597	4.59
49	179	2231	825	223	550	25	551	.287	71	15	1188	97	382	13	438	445	3.23
29	105	1607	556	120	407	18	450	.268	40	7	1081	96	373	17	307	500	4.41
20	53	1260	303	127	259	22	509	.223	53	7	1139	74	416	29	381	481	4.05
469	605	16960	5051	1632	5735	225	5799	.231	894	142	13163	579	6686	220	5095	5117	3.21

年度別チーム成績（1936～1952年）

チーム名	年度	順位	試合	勝利	敗戦	引分	勝率	差	監督	得点	失点	安打	二塁打
大東京	1936春	—	14	0	13	1	.000	—	永井・伊藤	51	95	96	11
大東京	1936秋	—	28	5	21	2	.192	—	伊藤・小西	90	190	186	21
大東京	1937春	6	56	21	31	4	.404	19.0	小西得郎	202	289	414	62
ライオン	1937秋	6	49	19	29	1	.396	20.0	小西得郎	219	284	383	56
ライオン	1938春	8◎	35	9	26	0	.257	20.0	小西得郎	105	185	242	27
ライオン	1938秋	5	40	19	20	1	.487	11.0	高田勝生	164	146	284	27
ライオン	1939	8	96	33	58	5	.363	32.5	高田勝生	314	429	695	77
ライオン	1940	9◎	104	24	76	4	.240	50.0	高田勝生	225	416	623	77
朝日	1941	8◎	85	25	59	1	.298	37.0	竹内愛一	198	294	524	70
朝日	1942	4	105	49	50	6	.495	23.5	竹内愛一	246	239	646	84
朝日	1943	3	84	41	36	7	.532	11.0	竹内愛一▲	232	185	586	62
朝日	1944	5	35	12	22	1	.353	15.5	坪内道則	115	132	283	39
パシフィック	1946	7◎※	105	42	60	3	.412	22.5	藤本定義	377	433	833	143
太陽	1947	7	119	50	64	5	.439	28.0	藤本定義	350	423	908	138
大陽	1948	6	140	61	74	5	.452	25.5	長谷川信義	437	586	1114	166
大陽	1949	8◎	133	52	81	0	.391	33.0	石本秀一	603	745	1242	197
松竹	1950	1	137	98	35	4	.737	—	小西得郎	908	524	1417	179
松竹	1951	4	115	53	57	5	.482	27.0	新田恭一	609	598	1087	147
松竹	1952	7◎	120	34	84	2	.288	48.0	新田恭一	326	573	912	149
			1600	647	896	57	.419			5771	6766	12475	1732

（注）◎最下位、※没収試合（1946年4敗）含む　▲監督途中退陣、または休養
1936年春は巨人不参加の為順位無し、1936年秋はトーナメント形式による勝ち点の上位2チーム以外は順位無し

1936年
昭和11年

併打	失策	打率	順位	出塁	長打	OPS	年齢	備考	守備
	1	.217		.299	.283	.582	19		(外) 14 (二) 2
	2	.254		.333	.322	.655	26		(外) 14
	8	.204		.391	.224	.615	21		(遊) 9 (二) 5
	8	.120		.279	.200	.479	20		(二) 8 (投) 4 (三) 4 (外) 1
	1	.216		.310	.216	.526	26		(外) 13
	1	.204		.264	.204	.468	20		(一) 13 (外) 1
	6	.250		.382	.250	.632	19		(三) 9
	0	.207		.303	.207	.510	25		(捕) 11 (一) 1
	3	.091		.200	.091	.291	20		(捕) 6 (三) 2 (二) 1
	1	.208		.296	.250	.546	19		(投) 6 (一) 2 (外) 2
	1	.167		.211	.167	.377	20		(遊) 5
	2	.000		.222	.000	.222	18		(投) 6
	0	.200		.467	.300	.767	18		(投) 6
	1	.308		.357	.308	.665	29		(捕) 2 (一) 2
	0	1.000		1.000	1.000	2.000	18		(二) 2 (三) 1
	0	.000		.000	.000	.000	21		(外) 1
	35	.200		.314	.232	.545			

暴投	ボーク	失点	自責	防御率	順位	WHIP	年齢	備考	守備
1	0	24	19	4.38		1.41	19		(投) 6 (一) 2 (外) 2
1	0	32	22	5.50		1.98	18		(投) 6
1	0	21	15	4.35		1.91	18		(投) 6
0	0	18	14	8.40		2.22	20		(二) 8 (投) 4 (三) 4 (外) 1
3	0	95	70	5.16		1.811			

併打	失策	打率	順位	出塁	長打	OPS	年齢	備考	守備
	3	.262	⑫	.339	.272	.611	22		(外) 28
	1	.260	⑭	.377	.354	.731	26		(外) 27
	15	.131	㊿+5	.284	.155	.439	20		(二) 25 (投) 4 (遊) 1
	11	.183	㊶	.302	.195	.497	20		(捕) 23 (一) 2
	0	.152	(52)	.287	.203	.490	26		(外) 24
	17	.158	㊾	.281	.171	.452	20		(三) 26
	24	.158	㊾	.200	.197	.397	19		(遊) 28
	8	.224		.272	.250	.522	20		(一) 15 (捕) 5
	4	.203	㉞	.311	.266	.576	19		(投) 13 (二) 6 (三) 6 (一) 1
	1	.205		.314	.205	.518	19		(外) 11 (一) 3
	3	.333		.489	.500	.989	18		(投) 12 (三) 1 (外) 1
	1	.219		.342	.438	.780	29		(一) 8 (捕) 1
	4	.458		.500	.583	1.083	24		(投) 4 (二) 3 (遊) 2 (一) 1
	0	.067		.263	.067	.330	18		(投) 12
	1	.125		.125	.125	.250	-		(二) 4 (遊) 2 (三) 1
	2	.143		.143	.143	.286	28		(遊) 4
	-	.000		.000	.000	.000	24		—
	0	.000		.000	.000	.000	24		(捕) 1
	95	.205		.311	.252	.564			

暴投	ボーク	失点	自責	防御率	順位	WHIP	年齢	備考	守備
0	1	38	29	3.03	⑪	1.48	19		(投) 13 (二) 6 (三) 6 (一) 1
2	0	83	48	5.20	⑲	2.06	18		(投) 12 (三) 1 (外) 1
1	0	47	24	4.32	⑱	1.84	18		(投) 12
0	0	8	6	3.18		1.14	20		(二) 25 (投) 4 (遊) 1
1	0	14	11	9.90		2.59	24		(投) 4 (二) 3 (遊) 2 (一) 1
4	1	190	118	4.34		1.77			

チーム名

大東京軍

順位

順位なし

監督

永井武雄（開幕前解任）
伊藤勝三（11月12日まで）
小西得郎（11月15日から）

春夏
試合：14
勝：0／敗：13
分：1／勝率：.000

秋
試合：28
勝：5／敗：21
分：2／勝率：.192

大東京軍は東京ガスとの練習試合に際して、球団常務の鈴木龍二は永井武雄監督にアマに負けては恥と、絶対勝利を約束させたが、逆転負けし、永井監督を解任、伊藤勝三監督でシーズンに望んだが2勝25敗3分の勝率・074の弱さで伊藤も解任され、小西得郎監督となったものの、シーズン5勝34敗3分勝率・128という悲惨な成績で終わった。投手力の弱さは致命的だった。日本初の黒人選手ジミー・ボンナ投手は打率・458を残した。打者として使えば攻撃力がかなり変わっただろう。

春夏

背番号	野手名	試合	打席	打数	得点	安打	二塁	三塁	本塁	塁打	打点	盗塁	盗刺	犠打	四球	死球	三振
3	鬼頭　数雄	14	67	60	7	13	4	0	0	17	5	3		0	6	1	4
1	水谷　則一	14	67	59	6	15	0	2	0	19	7	2		1	7	0	5
6	池田　潤三	14	64	49	3	10	1	0	0	11	4	2		0	14	1	12
5	大友　一明	13	61	50	6	6	4	0	0	10	3	1		0	11	0	9
2	木全　竹雄	13	60	51	5	11	0	0	0	11	6	1		2	6	1	6
7	漆原　進	14	54	49	5	10	0	0	0	10	1	0		1	4	0	7
8	片山　栄次	9	35	28	4	7	0	0	0	7	3	0		1	6	0	6
11	村川　幸信	12	34	29	2	6	0	0	0	6	4	0		1	4	0	6
12	筒井　良武	8	27	22	1	2	0	0	0	2	0	1		2	3	0	4
4	遠藤　忠二郎	7	27	24	2	5	1	0	0	6	3	1		0	3	0	9
	山本　尚敏	5	19	18	1	3	0	0	0	3	1	0		0	1	0	5
14	桜井　七之助	9	18	14	4	0	0	0	0	0	0	1		0	4	0	4
15	近藤　久	7	16	10	1	2	1	0	0	3	1	0		1	5	0	2
21	伊藤　勝三	5	14	13	3	4	0	0	0	4	3	1		0	1	0	1
9	伴　吉夫	5	3	2	1	2	0	0	0	2	1	0		0	1	0	0
22	外田　数正	1	1	1	0	0	0	0	0	0	0	0		0	0	0	1
	チーム計	14	567	479	51	96	11	2	0	111	42	13		9	76	3	81

背番号	投手名	登板	先発	完了	完投	完封	無四	勝利	敗戦	投球回	打者	打数	安打	本塁	四球	死球	三振
4	遠藤　忠二郎	6	5	1	3	0	0	0	5	39	176	150	31	2	24	2	19
15	近藤　久	6	2	3	2	0	0	0	4	36.1	127	100	37	0	35	0	17
14	桜井　七之助	6	4	2	2	0	0	0	2	31.1	128	100	30	2	30	0	12
5	大友　一明	4	3	1	0	0	0	0	2	15.1	62	50	19	0	15	0	9
	チーム計	14	14	7	7	0	0	0	13	122	585	467	117	4	104	2	57

秋

背番号	野手名	試合	打席	打数	得点	安打	二塁	三塁	本塁	塁打	打点	盗塁	盗刺	犠打	四球	死球	三振
16	坪内　道則	28	117	103	13	27	1	0	0	28	4	13		2	12	0	13
1	水谷　則一	27	115	96	9	25	5	2	0	34	12	4		1	18	0	10
5	大友　一明	26	103	84	10	11	2	0	0	13	10	3		1	16	2	19
12	筒井　良武	28	96	82	9	15	1	0	0	16	3	3		0	14	0	12
2	木全　竹雄	26	94	79	7	12	4	0	0	16	7	2		0	14	1	9
7	漆原　進	26	92	76	11	12	1	0	0	13	4	1		3	10	3	10
8	片山　栄次	28	82	76	5	12	1	1	0	15	3	1		2	3	1	11
17	浅原　直人	20	82	76	8	17	2	0	0	19	5	4		1	5	0	10
4	遠藤　忠二郎	20	74	64	2	13	0	2	0	17	11	2		0	9	1	11
3	鬼頭　数雄	15	51	44	3	9	0	0	0	9	2	2		0	7	0	2
14	桜井　七之助	15	47	36	4	12	0	3	0	18	9	1		0	11	0	10
21	伊藤　勝三	9	38	32	3	7	3	2	0	14	3	1		0	6	0	5
20	J.ボンナ	7	26	24	4	11	1	1	0	14	1	1		0	2	0	5
15	近藤　久	12	19	15	1	1	0	0	0	1	2	1		0	4	0	5
	斎藤　末逸	10	8	8	1	1	0	0	0	1	0	1		0	0	0	1
20	柳沢　騰市	4	7	7	0	1	0	0	0	1	0	0		0	0	0	0
9	手塚　勝巳	3	3	3	0	0	0	0	0	0	0	0		0	0	0	2
18	田川　弘	1	1	1	0	0	0	0	0	0	0	0		0	0	0	1
	チーム計	28	1055	906	90	186	21	11	0	229	76	40		10	131	8	136

背番号	投手名	登板	先発	完了	完投	完封	無四	勝利	敗戦	投球回	打者	打数	安打	本塁	四球	死球	三振
4	遠藤　忠二郎	13	11	1	5	0	0	4	5	85.2	392	323	62	0	65	2	50
14	桜井　七之助	12	8	3	6	0	0	1	10	82.2	429	357	104	0	66	2	27
15	近藤　久	12	4	6	3	0	0	0	4	50	252	201	46	0	46	1	26
5	大友　一明	4	2	2	1	0	0	0	1	16.2	75	65	10	0	9	0	7
20	J.ボンナ	4	3	1	0	0	0	0	1	9.2	52	38	12	1	13	1	2
	チーム計	28	28	13	15	0	0	5	21	244.2	1200	984	234	1	199	6	112

1937年

昭和12年

チーム名

大東京軍(春) ライオン軍(秋)

順位

春6位
秋6位

監督

小西得郎

春
試合：56
勝：21／敗：31
分：4／勝率：.404
秋
試合：49
勝：19／敗：29
分：1／勝率：.396

8球団でリーグ戦が始まり、前年の弱さに比べればマシになったものの、巨人、タイガースには遠く及ばない。春は近藤投手、秋は菊谷投手がエースの活躍をしたものの投手層の薄さは相変わらずだった。野手陣は鬼頭、水谷、坪内の外野トリオに比べて内野陣が攻守共にかなり見劣りをしている。「内野で負ける大東京」とも言われていた。秋に大東京軍からライオン軍になり、田村駒治郎がオーナーになった。鬼頭数雄が盗塁王を獲得し、大物の片鱗を見せた。

併打	失策	打率	順位	出塁	長打	OPS	年齢	備考	守備
	2	0.275	⑩	0.322	0.361	0.682	20		(外) 54 (二) 4
	7	0.264	⑮	0.391	0.313	0.704	27		(外) 56
	21	0.208		0.271	0.324	0.595	25		(二) 29 (遊) 19 (一) 11
	13	0.158		0.236	0.207	0.443	26		(捕) 55
	18	0.229	㊵	0.296	0.341	0.637	21		(一) 44 (三) 6 (捕) 4
	18	0.173		0.21	0.233	0.444	29		(三) 39 (二) 13 (遊) 1
	8	0.241	㉚	0.29	0.31	0.601	23		(外) 41
	13	0.184		0.354	0.254	0.609	21		(投) 23 (二) 21 (三) 3 (遊) 1
	33	0.185		0.297	0.218	0.516	24		(遊) 37
	5	0.248	㉖	0.336	0.324	0.66	26		(外) 21 (一) 11
	3	0.239		0.346	0.328	0.675	19		(投) 28
	10	0.211		0.286	0.228	0.514	21		(三) 22
	4	0.361		0.395	0.472	0.867	22		(投) 12
	3	0.194		0.219	0.258	0.477	19		(投) 19
	1	0.214		0.353	0.214	0.567	20		(投) 4 (外) 4
	1	0		0.067	0	0.067	23		(捕) 9
	0	0.167		0.286	0.167	0.452	20		(投) 3
	1	0		0	0	0	23		(三) 2 (遊) 1
	1	0		0	0	0	19		(捕) 4
	3	0		0	0	0	21		(遊) 1
	−	0		0	0	0	25		−
	−	−		−	−	−	20		−
	165	0.22		0.301	0.292	0.592			

暴投	ボーク	失点	自責	防御率	順位	WHIP	年齢	備考	守備
0	0	84	51	2.51	⑫	1.49	19		(投) 28
3	0	90	48	3.26	㉑	1.8	21		(投) 23 (二) 21 (三) 3 (遊) 1
1	1	29	17	1.88		1.38	22		(投) 12
0	0	63	36	4.5	㉘	1.82	19		(投) 19
0	0	10	6	3.38		1.56	20		(投) 3
1	0	13	9	5.52		2.45	20		(投) 4 (外) 4
5	1	289	167	3.01		1.632			

併打	失策	打率	順位	出塁	長打	OPS	年齢	備考	守備
	6	0.321	②	0.423	0.439	0.861	20		(外) 43 (二) 11
	5	0.236	㊱	0.293	0.302	0.595	23		(外) 49
	3	0.261	⑳	0.425	0.352	0.776	27		(外) 48
	26	0.246	㉜	0.338	0.292	0.631	24		(遊) 48
	12	0.203		0.359	0.304	0.663	21		(二) 39 (投) 9 (一) 3 (三) 1 (遊) 1
	18	0.206		0.282	0.248	0.53	29		(三) 44 (二) 6
	12	0.173		0.272	0.309	0.582	21		(一) 37
	12	0.219	㊺	0.305	0.299	0.604	26		(捕) 33 (三) 14
	4	0.22		0.253	0.286	0.538	22		(投) 29
	5	0.267		0.295	0.453	0.748	19		(投) 20 (一) 8
	6	0.234		0.279	0.297	0.576	19		(捕) 20 (一) 1
	6	0.183		0.258	0.217	0.474	26		(外) 13 (一) 4
	1	0.219		0.286	0.25	0.536	19		(投) 21
	1	0.2		0.294	0.2	0.494	22		(二) 4 (三) 2
	0	0.133		0.133	0.133	0.267	23		(捕) 9
	0	0		0.25	0	0.25	20		(外) 6 (投) 1 (一) 1
	0	−		−	−	−	26		(捕) 1
	117	0.233		0.327	0.316	0.644			

暴投	ボーク	失点	自責	防御率	順位	WHIP	年齢	備考	守備
7	0	86	53	2.34	⑤	1.32	22		(投) 29
5	2	82	67	5.8	㉖	1.91	19		(投) 20 (一) 8
1	0	71	60	5.87	㉗	1.75	19		(投) 21
2	1	45	37	8.12		2.13	21		(二) 39 (投) 9 (一) 3 (三) 1 (遊) 1
0	1	0	0	−		−	20		(外) 6 (投) 1 (一) 1
15	4	284	217	4.45		1.63			

春

背番号	野手名	試合	打席	打数	得点	安打	二塁	三塁	本塁	塁打	打点	盗塁	盗刺	犠打	四球	死球	三振
3	鬼頭　数雄	56	261	244	26	67	10	4	1	88	21	15		0	16	1	10
1･9	水谷　則一	56	246	201	24	53	4	3	0	63	21	19		3	40	2	24
7	中村　三郎	55	227	207	14	43	7	4	3	67	26	3		2	17	1	46
18	藤浪　光雄	55	206	184	21	29	9	0	0	38	14	3		3	19	0	9
17	浅原　直人	51	196	179	21	41	8	3	2	61	24	9		0	17	0	23
	柳沢　騰市	51	159	150	14	26	5	2	0	35	9	9		2	6	1	13
16	坪内　道則	44	155	145	16	35	5	1	1	45	8	11		0	10	0	22
5	大友　一明	47	145	114	19	21	4	2	0	29	9	7		1	30	0	30
6	筒井　隆雄	38	138	119	16	22	2	1	0	26	4	3		0	18	1	14
	煤孫　伝	36	119	105	13	26	1	2	1	34	8	6		0	14	0	16
15	近藤　久	32	79	67	6	16	2	2	0	22	9	2		1	11	0	6
11	漆原　進	23	64	57	4	12	1	0	0	13	4	3		1	6	0	6
	菊矢　吉男	16	38	36	5	13	2	1	0	17	7	0		0	2	0	6
14	桜井　七之助	19	33	31	0	6	2	0	0	8	2	0		1	1	0	7
	村田　重治	9	17	14	1	3	0	0	0	3	0	1		0	2	1	4
	伊原　徳栄	11	15	14	0	0	0	0	0	0	1	0		0	1	0	2
4	遠藤　忠二郎	4	7	6	2	1	0	0	0	1	0	0		0	1	0	1
10	成瀬　芳輝	9	4	4	0	0	0	0	0	0	0	1		0	0	0	1
	原　一朗	5	3	3	0	0	0	0	0	0	0	0		0	0	0	0
	佐山　昌義	1	3	3	0	0	0	0	0	0	0	0		0	0	0	0
9	手塚　勝巳	2	2	2	0	0	0	0	0	0	0	0		0	0	0	0
19	阿部　重四郎	1	0	0	0	0	0	0	0	0	0	0		0	0	0	0
	チーム計	56	2117	1885	202	414	62	25	8	550	167	92		14	211	7	240

背番号	投手名	登板	先発	完了	完投	完封	無四	勝利	敗戦	投球回	打者	打数	安打	本塁	四球	死球	三振
15	近藤　久	28	20	5	13	1	0	11	10	183	812	660	140	3	133	3	91
5	大友　一明	23	18	4	7	0	0	3	12	132.1	646	511	122	0	116	3	48
	菊矢　吉男	12	9	3	7	2	0	6	2	81.1	357	313	72	0	40	1	42
14	桜井　七之助	19	5	11	2	0	0	0	5	72	352	301	87	0	44	1	13
4	遠藤　忠二郎	3	3	0	1	0	0	1	1	16	73	65	18	0	7	0	1
	村田　重治	4	1	3	0	0	0	0	1	14.2	77	57	17	1	19	0	8
	チーム計	56	56	26	30	3	0	21	31	499.1	2317	1907	456	4	359	8	203

秋

背番号	野手名	試合	打席	打数	得点	安打	二塁	三塁	本塁	塁打	打点	盗塁	盗刺	犠打	四球	死球	三振
7	鬼頭　数雄	49	220	187	34	60	8	4	2	82	22	22		0	29	4	7
8	坪内　道則	49	217	199	24	47	6	2	1	60	23	6		2	16	0	17
9	水谷　則一	49	214	165	28	43	7	1	2	58	24	11		2	46	1	15
6	中野　隆雄	48	197	171	14	42	4	2	0	50	18	3		2	23	1	15
12	大友　一明	46	186	148	33	30	6	3	1	45	15	6		2	36	0	27
5	柳沢　騰市	46	166	141	16	29	2	2	0	35	11	13		10	14	1	8
3	浅原　直人	37	160	139	19	24	5	4	2	43	25	4		2	19	0	28
2	藤浪　光雄	42	154	137	14	30	4	2	1	41	10	4		0	16	1	7
11	菊矢　吉男	35	95	91	7	20	4	1	0	26	9	0		0	4	0	13
14	桜井　七之助	30	78	75	9	20	6	1	2	34	16	0		0	3	0	15
16	原　一朗	20	68	64	8	15	1	0	1	19	8	1		0	4	0	6
17	煤孫　伝	29	66	60	5	11	2	0	0	13	5	3		0	6	0	11
1	近藤　久	21	35	32	4	7	1	0	0	8	1	0		0	3	0	2
21	安藤　之制	6	18	15	2	3	0	0	0	3	0	1		1	2	0	1
10	日野　弘美	12	15	15	2	2	0	0	0	2	0	0		0	0	0	8
15	村田　重治	8	4	3	0	0	0	0	0	0	0	0		0	1	0	1
18	西池　秀豪	1	0	0	0	0	0	0	0	0	0	0		0	0	0	0
	チーム計	49	1893	1642	219	383	56	22	12	519	187	74		21	222	8	181

背番号	投手名	登板	先発	完了	完投	完封	無四	勝利	敗戦	投球回	打者	打数	安打	本塁	四球	死球	三振
11	菊矢　吉男	29	21	8	19	1	0	13	10	204	882	738	147	4	123	5	97
14	桜井　七之助	20	7	11	1	0	0	2	3	103.1	509	425	119	6	78	2	40
1	近藤　久	21	14	6	2	0	0	3	11	91.1	446	365	90	6	70	2	37
12	大友　一明	9	7	2	0	0	0	1	5	40.1	212	164	45	2	41	6	19
15	村田　重治	1	0	0	0	0	0	0	0	0	3	1	1	0	2	0	0
	チーム計	49	49	27	22	1	0	19	29	439	2052	1693	402	18	314	15	193

1938年
昭和13年

併打	失策	打率	順位	出塁	長打	OPS	年齢	備考	守備
	3	0.255	㉓	0.366	0.314	0.68	24		(外) 35
	5	0.2	㊲	0.306	0.312	0.618	22		(二) 32 (投) 7
	2	0.209	㉟	0.331	0.278	0.609	28		(外) 34
	9	0.179	㊸	0.241	0.244	0.485	20		(一) 31 (三) 3
	27	0.187	㊶	0.298	0.243	0.541	25		(遊) 30 (三) 5
	11	0.233		0.303	0.311	0.614	30		(三) 29 (二) 3
	4	0.219		0.265	0.323	0.588	21		(外) 22 (二) 4
	4	0.241		0.276	0.313	0.589	23		(投) 26 (外) 4
	2	0.254		0.324	0.254	0.578	20		(捕) 20
	0	0.193		0.281	0.228	0.509	27		(外) 18
	2	0.268		0.333	0.268	0.602	20		(投) 16
	4	0.167		0.186	0.167	0.353	23		(一) 8 (捕) 5 (三) 3
	1	0.097		0.176	0.161	0.338	24		(捕) 10 (外) 1
	4	0.095		0.174	0.095	0.269	22		(遊) 5
	1	0.214		0.313	0.214	0.527	27		(捕) 3 (二) 2 (三) 2
	79	0.211		0.294	0.272	0.567			

暴投	ボーク	失点	自責	防御率	順位	WHIP	年齢	備考	守備
3	0	117	78	4.18	⑰	1.66	23		(投) 26 (外) 4
1	0	50	36	3.06	⑩	1.62	20		(投) 16
1	0	18	11	3.3		1.8	22		(二) 32 (投) 7
5	0	185	125	3.72		1.66			

併打	失策	打率	順位	出塁	長打	OPS	年齢	備考	守備
	2	0.213	㊱	0.283	0.282	0.564	24		(外) 40
	3	0.247	⑱	0.402	0.301	0.704	21		(外) 40
	1	0.246	⑲	0.382	0.268	0.649	28		(外) 38
	8	0.217	㉛	0.291	0.296	0.587	23		(捕) 29 (一) 1
	9	0.207		0.336	0.304	0.641	22		(二) 30 (遊) 5
	12	0.198		0.342	0.286	0.628	26		(一) 28 (二) 1
	12	0.222		0.293	0.244	0.537	20		(遊) 23 (二) 3 (三) 1
	3	0.209		0.25	0.341	0.591	23		(投) 25 (外) 2
	7	0.267		0.351	0.337	0.688	20		(三) 23 (一) 3
	11	0.136		0.36	0.167	0.526	25		(二) 15 (遊) 15
	6	0.143		0.314	0.161	0.475	30		(三) 26
	4	0.24		0.406	0.3	0.706	22		(投) 16 (二) 7 (外) 1
	2	0.275		0.431	0.3	0.731	21		(一) 16
	0	0.2		0.282	0.2	0.482	20		(投) 17
	1	0.176		0.364	0.176	0.54	19		(捕) 7
	2	0.154		0.313	0.154	0.466	20		(捕) 4
	2	0		0.1	0	0.1	20		(一) 3 (三) 1 (外) 1
	0	−		−	−	−	24		(捕) 4
	85	0.216		0.336	0.274	0.61			

暴投	ボーク	失点	自責	防御率	順位	WHIP	年齢	備考	守備
3	0	74	49	2.48	⑦	1.38	23		(投) 25 (外) 2
0	0	33	29	2.81	⑫	1.19	22		(投) 16 (二) 7 (外) 1
3	0	39	27	2.67	⑩	1.26	20		(投) 17
6	0	146	105	2.62		1.3			

チーム名

ライオン軍

順位

春8位
秋5位

監督

小西得郎（春季）
高田勝生（秋季）

春
試合：35
勝：9／敗：26
分：0／勝率：.257
秋
試合：40
勝：19／敗：20
分：1／勝率：.487

投手、打撃成績とも最下位だった。驚くことに投手陣は菊矢、近藤、大友の3人で回した。優勝したタイガースは6人で回していた。これでは試合間隔があったとしても小西監督はきつかったかもしれない。そして、関西と肌が合わなかったのか春季終了後退団。後任に関西野球界の重鎮高田勝生がなった。秋季は鬼頭、水谷、坪内を中心に攻撃力が上がり9チーム中同率5位になった。しかし、投打とも上位球団と比べて戦力はいぜん厳しかった。

春

背番号	野手名	試合	打席	打数	得点	安打	二塁	三塁	本塁	塁打	打点	盗塁	盗刺	犠打	四球	死球	三振
8	坪内　道則	35	162	137	21	35	3	1	1	43	13	6		1	23	1	10
12	大友　一明	33	145	125	9	25	5	3	1	39	14	3		1	19	0	28
9	水谷　則一	34	139	115	10	24	3	1	1	32	11	2		3	21	0	13
14	桜井　七之助	34	133	123	10	22	3	1	1	30	10	1		0	9	1	14
6	中野　隆雄	35	131	107	6	20	4	1	0	26	4	2		7	17	0	6
5	柳沢　騰市	31	104	90	17	21	2	1	1	28	4	5		5	9	0	8
7	鬼頭　数雄	24	103	96	11	21	2	1	2	31	11	2		1	5	1	7
11	菊矢　吉男	29	87	83	5	20	3	0	1	26	11	1		0	4	0	13
16	原　一朗	21	74	67	7	17	0	0	0	17	3	1		0	7	0	7
17	煤孫　伝	23	64	57	3	11	2	0	0	13	3	0		0	7	0	6
1	近藤　久	17	45	41	2	11	0	0	0	11	2	0		0	4	0	3
22	室井　豊	21	43	42	0	7	0	0	0	7	0	1		0	1	0	6
10	日野　弘美	11	35	31	2	3	0	1	0	5	1	0		1	3	0	5
15	山本　尚敏	5	24	21	2	2	0	0	0	2	1	1		1	2	0	2
2	藤浪　光雄	7	16	14	0	3	0	0	0	3	0	0		0	2	0	2
	チーム計	28	1055	906	90	186	21	11	0	229	76	40		10	133	3	130

背番号	投手名	登板	先発	完了	完投	完封	無四	勝利	敗戦	投球回	打者	打数	安打	本塁	四球	死球	三振
11	菊矢　吉男	26	21	4	14	1	0	7	18	167.1	783	647	158	4	120	5	80
1	近藤　久	16	10	6	7	1	0	2	5	105.1	479	405	107	4	64	1	44
12	大友　一明	7	4	3	1	0	0	0	3	30	146	119	30	0	24	1	9
	チーム計	35	35	13	22	2	0	9	26	302.2	1408	1171	295	8	208	7	133

秋

背番号	野手名	試合	打席	打数	得点	安打	二塁	三塁	本塁	塁打	打点	盗塁	盗刺	犠打	四球	死球	三振
8	坪内　道則	40	193	174	29	37	4	1	2	49	14	5		2	15	2	11
7	鬼頭　数雄	40	187	146	20	36	3	1	1	44	18	2		3	37	1	9
9	水谷　則一	38	175	142	16	35	1	1	0	38	19	6		2	29	2	12
22	室井　豊	33	130	115	10	25	4	1	1	34	12	4		3	12	0	7
15	山本　尚敏	34	113	92	15	19	1	1	2	28	10	3		3	17	1	15
4	中村　三郎	31	112	91	11	18	2	0	2	26	10	1		1	18	2	18
12	酒沢　政夫	27	102	90	7	20	2	0	0	22	8	0		3	9	0	9
11	菊矢　吉男	32	98	91	7	19	4	4	0	31	11	1		2	5	0	11
3	中谷　順次	26	97	86	11	23	3	0	1	29	14	0		0	11	0	9
6	中野　隆雄	30	91	66	8	9	0	1	0	11	5	3		2	22	1	7
5	柳沢　騰市	29	72	56	7	8	1	0	0	9	5	2		2	14	0	5
12	大友　一明	25	66	50	8	12	1	1	0	15	6	0		2	14	0	11
23	玉腰　年男	16	53	40	7	11	1	0	0	12	4	3		2	10	1	6
1	近藤　久	20	39	35	4	7	0	0	0	7	0	0		0	4	0	3
18	福士　勇	7	23	17	3	3	0	0	0	3	0	0		1	5	0	5
16	原　一朗	4	16	13	1	2	0	0	0	2	2	0		0	3	0	3
14	桜井　七之助	6	10	9	0	0	0	0	0	0	1	0		0	1	0	2
10	日野　弘美	6	0	0	0	0	0	0	0	0	0	0		0	0	0	0
	チーム計	40	1577	1313	164	284	27	11	9	360	139	30		28	226	10	143

背番号	投手名	登板	先発	完了	完投	完封	無四	勝利	敗戦	投球回	打者	打数	安打	本塁	四球	死球	三振
11	菊矢　吉男	25	18	4	15	1	0	9	9	177.1	780	649	125	4	119	0	109
12	大友　一明	16	11	5	5	2	0	5	5	92.1	390	326	58	1	52	4	42
1	近藤　久	17	11	5	6	0	0	5	6	90.2	389	336	68	3	46	0	51
	チーム計	40	40	14	26	4	0	19	20	360.1	1559	1311	251	8	217	4	202

併打	失策	打率	順位	出塁	長打	OPS	年齢	備考	守備
	7	0.225	㊱	0.29	0.268	0.558	25		（外）96
	10	0.27	⑫	0.388	0.362	0.75	29		（外）96
	6	0.304	⑤	0.36	0.395	0.755	22		（外）93（二）1
	8	0.22	㊴	0.33	0.299	0.628	22		（一）85（二）1（遊）1（外）1
	26	0.17		0.299	0.177	0.475	21		（二）87
	12	0.202		0.304	0.235	0.539	23		（捕）44（三）17（投）10（一）8（二）1
	41	0.189		0.287	0.217	0.504	23		（遊）63（三）12（捕）3（二）3
	24	0.175		0.239	0.205	0.444	20		（三）50（外）4（投）1（遊）1
	10	0.222		0.259	0.29	0.549	24		（捕）43
	5	0.179		0.205	0.256	0.461	24		（投）55（外）2
	38	0.132		0.253	0.147	0.401	20		（遊）57（二）3（三）1
	3	0.155		0.252	0.172	0.424	20		（投）52
	5	0.248		0.29	0.297	0.587	21		（投）38
	12	0.161		0.247	0.172	0.42	26		（三）26（二）4（遊）3
	7	0.246		0.313	0.295	0.609	21		（捕）11（一）6（三）1
	4	0.24		0.321	0.24	0.561	19		（二）8（遊）3（三）1
	2	0		0.111	0	0.111	21		（捕）2（一）2
	4	0		0	0	0	31		（三）5
	0	1		1	1	2	35		（一）1
	224	0.217		0.303	0.269	0.572			

暴投	ボーク	失点	自責	防御率	順位	WHIP	年齢	備考	守備
14	1	169	110	2.96	⑮	1.45	24		（投）55（外）2
1	1	121	92	2.82	⑭	1.3	20		（投）52
5	0	102	68	3.36		1.53	21		（投）38
0	0	35	27	4.96		1.73	23		（捕）44（三）17（投）10（一）8（二）1
0	0	2	1	3		2.33	20		（三）50（外）4（投）1（遊）1
20	2	429	298	3.11		1.43			

1939年
昭和14年

順位
8位

チーム名
ライオン軍

監督
高田 勝生

試合：96
勝：33
敗：58
分：5
勝率：.363

投手陣から大友が抜け、菊矢、近藤の2人に捕手から福士勇が投手陣に加わり、これが大成功。防御率はチーム1位の２・８２、投球回数２９４・０を投げた。しかし、投手陣が踏ん張っても、安定した外野トリオ以外の打撃陣は投手陣より打てなく、その上、失策はリーグ最下位。到底、前年秋季の成績を超えることはできず、かろうじて最下位を免れた弱さだった。そんな中で鬼頭は打撃成績5位（・３０４）の活躍で巨人川上の後ろに付いていく。

背番号	野手名	試合	打席	打数	得点	安打	二塁	三塁	本塁	塁打	打点	盗塁	盗刺	犠打	四球	死球	三振
8	坪内　道則	96	440	395	50	89	10	2	1	106	27	11	9	0	32	4	21
9	水谷　則一	96	436	359	48	97	13	7	2	130	39	21	6	2	69	0	20
7	鬼頭　数雄	94	402	365	32	111	15	6	2	144	48	18	2	3	32	0	12
23	玉腰　年男	85	377	318	35	70	6	8	1	95	19	13	6	1	52	0	50
16	西端　利郎	87	345	283	21	48	2	0	0	50	17	11	9	1	52	0	18
3	岡本　利之	75	289	247	19	50	4	2	0	58	28	6	2	4	35	1	20
15	山本　尚敏	75	254	217	23	41	4	1	0	47	11	6	6	1	30	0	42
12	井筒　研一	60	182	166	14	29	1	2	0	34	7	3	1	1	14	0	17
20	室井　豊	47	175	162	14	36	6	1	1	47	12	0	3	2	4	4	12
11	菊矢　吉男	74	163	156	13	28	5	2	1	40	15	1	1	1	5	0	23
2	松岡　甲二	61	153	129	17	17	2	0	0	19	5	2	3	0	21	0	27
18	福士　勇	60	132	116	8	18	2	0	0	20	14	0	0	1	14	1	39
1	近藤　久	65	108	101	10	25	5	0	0	30	10	1	1	0	6	0	4
6	中野　隆雄	31	99	87	2	14	1	0	0	15	4	1	2	0	9	1	15
5	鈴木　秀雄	24	74	61	5	15	1	1	0	18	9	0	2	5	5	1	11
10	伊藤　吉男	17	28	25	2	6	0	0	0	6	1	1	0	0	3	0	6
22	岡本　一雄	3	9	8	1	0	0	0	0	0	0	0	0	0	1	0	3
5	柳沢　騰市	6	4	4	0	0	0	0	0	0	0	1	0	0	0	0	1
30	高田　勝生	1	1	1	0	1	0	0	0	1	0	0	0	0	0	0	0
	チーム計	96	3671	3200	314	695	77	32	8	860	266	96	53	22	384	12	341

背番号	投手名	登板	先発	完了	完投	完封	無四	勝利	敗戦	投球回	打者	打数	安打	本塁	四球	死球	三振
11	菊矢　吉男	55	39	13	22	3	1	16	21	335	1487	1244	277	4	209	4	151
18	福士　勇	52	31	14	18	3	1	12	19	294	1256	1084	241	7	140	3	79
1	近藤　久	38	20	13	7	2	0	3	12	181.1	823	694	169	4	108	1	80
3	岡本　利之	10	6	5	3	0	0	2	6	48.2	229	190	54	1	30	0	23
12	井筒　研一	1	0	1	0	0	0	0	0	3	17	17	7	0	0	0	2
	チーム計	96	96	46	50	9	2	33	58	862	3812	3229	748	16	487	8	335

	併打	失策	打率	順位	出塁	長打	OPS	年齢	備考	守備
		1	0.193	㊴	0.295	0.241	0.536	26		(外) 102
		6	0.321	①	0.382	0.453	0.835	23	ベスト9	(外) 102 (二) 2
		14	0.181	㊽	0.332	0.217	0.55	23		(一) 84 (二) 12 (外) 2
		18	0.198	㉜	0.287	0.236	0.523	19		(二) 48 (三) 31 (一) 3
		10	0.168		0.29	0.235	0.526	26		(捕) 76 (一) 4
		41	0.173		0.278	0.202	0.48	20		(遊) 48 (二) 23 (三) 3
		16	0.172		0.281	0.193	0.475	20		(三) 46
		2	0.167		0.321	0.189	0.51	22		(外) 41
		28	0.169		0.285	0.192	0.477	19		(遊) 35 (三) 17 (二) 2
		2	0.141		0.181	0.141	0.322	19		(捕) 49
		2	0.183		0.277	0.191	0.468	27		(外) 35
		7	0.144		0.196	0.194	0.39	25		(投) 47 (外) 4
		13	0.185		0.303	0.21	0.513	22		(二) 40
		1	0.139		0.239	0.148	0.387	21		(外) 31 (投) 24 (三) 1
		5	0.177		0.239	0.202	0.44	22		(投) 47
		23	0.167		0.274	0.185	0.459	21		(遊) 42 (二) 4 (三) 2
		6	0.133		0.179	0.144	0.323	21		(投) 50
		5	0.1		0.203	0.114	0.317	28		(一) 21
		11	0.136		0.292	0.169	0.461	24		(三) 18 (外) 3 (二) 1
		0	0.167		0.39	0.233	0.624	30		(外) 10
		1	0		0.2	0	0.2	20		(投) 13 (一) 1 (外) 1
		0	0		0	0	0	20		(二) 3
		2	0		0	0	0	20		(三) 2 (二) 1 (遊) 1
		0	0.25		0.25	0.25	0.5	22		(外) 1
		0	−		−	−	−	36		(外) 1
		214	0.187		0.288	0.23	0.519			

	暴投	ボーク	失点	自責	防御率	順位	WHIP	年齢	備考	守備
	9	0	133	88	2.77	㉑	1.4	25		(投) 47 (外) 4
	1	0	115	81	2.57	⑲	1.21	22		(投) 47
	2	1	107	74	2.8	㉒	1.38	21		(投) 50
	1	1	41	28	3.04		1.34	21		(外) 31 (投) 24 (三) 1
	0	0	20	13	3.25		1.29	20		(投) 13 (一) 1 (外) 1
	13	2	416	284	2.76		1.326			

1940年
昭和15年

順位
9位

チーム名
ライオン軍

監督
高田 勝生

試合：104
勝：24
敗：76
分：4
勝率：.240

この年の最大のニュースは鬼頭数雄の首位打者だった。川上とのデッドヒートを抑えて打率・321で獲得した。しかし、チームは最下位に落ちた。投手陣は菊矢を先発の軸に近藤、福士の3人で回すが、外野陣のひとり水谷が応召し10試合で退団。戦況が悪化しボールが粗悪になっていく中で、坪内がまさかの打率・193と生涯最低打率の大不振。ましてや、2割以上を打ったのは鬼頭1人という不甲斐なさ、これでは勝てるわけがなかった。

背番号	野手名	試合	打席	打数	得点	安打	二塁	三塁	本塁	塁打	打点	盗塁	盗刺	犠打	四球	死球	三振
8	坪内 道則	102	458	394	30	76	14	1	1	95	17	22	6	1	55	2	23
7	鬼頭 数雄	102	430	386	34	124	22	13	1	175	46	13	2	4	37	1	14
23	玉腰 年男	96	386	304	26	55	3	4	0	66	21	9	8	5	67	2	45
5	戸川 信夫	80	300	263	17	52	8	1	0	62	14	2	1	2	31	2	26
3	広田 修三	86	284	238	8	40	10	3	0	56	16	1	5	0	40	1	59
6	前田 諭治	73	201	173	15	30	3	1	0	35	6	0	2	1	25	0	26
15	鬼頭 政一	46	170	145	4	25	3	0	0	28	3	2	2	1	22	0	21
17	野村 高義	48	163	132	9	22	1	1	0	25	10	2	0	1	30	0	25
20	加地 健三郎	56	154	130	10	22	1	1	0	25	8	0	2	1	21	0	32
22	伊勢川 真澄	57	152	142	1	20	0	0	0	20	1	0	3	0	7	0	16
10	村上 重夫	37	152	131	12	24	1	0	0	25	1	2	4	0	16	1	14
11	菊矢 吉男	68	150	139	7	20	4	0	1	27	14	0	1	1	8	1	28
16	西端 利郎	40	148	124	11	23	1	1	0	26	8	1	2	1	20	1	9
12	井筒 研一	67	141	122	5	17	1	0	0	18	4	3	2	1	16	0	10
1	近藤 久	69	137	124	9	22	1	1	0	25	7	0	0	2	10	0	13
2	松岡 甲二	48	130	108	6	18	2	0	0	20	6	1	5	1	16	0	24
18	福士 勇	52	96	90	3	12	1	0	0	13	3	0	1	0	4	1	13
2	灰山 元章	21	79	70	2	7	1	0	0	8	3	0	0	0	9	0	14
15	山本 尚敏	21	72	59	6	8	0	1	0	10	1	6	0	0	13	0	9
9	水谷 則一	10	41	30	6	5	0	1	0	7	2	0	0	0	11	0	3
14	山本 秀男	19	15	12	1	0	0	0	0	0	0	0	0	0	3	0	3
10	伊藤 吉男	6	5	5	0	0	0	0	0	0	0	0	0	0	0	0	3
16	佐野 忠澄	5	4	4	1	0	0	0	0	0	0	0	0	0	0	0	0
5	鈴木 秀雄	4	4	4	2	1	0	0	0	1	1	0	0	0	0	0	1
30	高田 勝生	1	0	0	0	0	0	0	0	0	0	0	0	0	0	0	0
	チーム計	104	3872	3329	225	623	77	29	3	767	192	64	46	22	461	12	431

背番号	投手名	登板	先発	完了	完投	完封	無四	勝利	敗戦	投球回	打者	打数	安打	本塁	四球	死球	三振
11	菊矢 吉男	47	40	4	19	1	0	8	27	286	1260	1066	243	4	158	3	112
1	近藤 久	47	34	11	17	6	1	9	22	283.2	1187	1047	222	1	121	3	154
18	福士 勇	50	22	22	8	0	0	7	21	237.1	1052	896	210	2	117	2	92
12	井筒 研一	24	4	16	0	0	0	0	3	82.1	359	322	80	1	30	2	23
14	山本 秀男	13	4	7	0	0	0	0	3	35.2	153	140	34	1	12	0	8
	チーム計	104	104	60	44	7	2	24	76	925	4011	3471	789	9	438	10	389

1941年
昭和16年

順位：8位
チーム名：朝日軍
監督：竹内愛一

試合：85
勝：25
敗：59
分：1
勝率：.298

この年から朝日軍と名称が変わり、監督に早稲田のエースだった竹内愛一が就任した。投手は福士が先発、完投、投球回がリーグ1位で奮闘するも、17勝28敗（敗戦数は現在も史上2位の記録）と報われない。そして、最大の損失は前年首位打者の鬼頭数雄が南海に移籍したことだろう。坪内が盗塁王、打撃10傑に入る復活をしたが、福士1人の投手陣と相変わらずの打線の弱さでは最下位は仕方がない状況だった。

併打	失策	打率	順位	出塁	長打	OPS	年齢	備考	守備
1	4	0.237	⑦	0.343	0.294	0.638	27		(外) 81
0	14	0.185	㊺	0.262	0.232	0.495	20		(捕) 85
0	12	0.204	㉘	0.325	0.244	0.569	21		(外) 58 (三) 22 (二) 1
0	2	0.18	㊽	0.262	0.219	0.482	24		(外) 84
0	44	0.144		0.269	0.158	0.427	21		(遊) 70 (外) 3 (三) 1
0	19	0.2	㉜	0.32	0.244	0.563	20		(二) 60 (三) 7 (一) 1
0	20	0.212		0.338	0.259	0.597	26		(三) 58
0	8	0.141		0.278	0.178	0.456	29		(一) 53
0	17	0.194		0.322	0.228	0.55	24		(二) 37 (遊) 20
0	4	0.173		0.253	0.23	0.483	22		(投) 57
0	2	0.235		0.376	0.294	0.67	27		(一) 32 (捕) 2
0	1	0.182		0.264	0.212	0.476	28		(外) 28
0	3	0.165		0.196	0.204	0.4	21		(投) 45
0	1	0.235		0.333	0.265	0.598	23		(投) 17 (外) 10
0	0	0.179		0.258	0.286	0.544	25		(投) 6 (一) 6 (外) 3
0	3	0.12		0.12	0.12	0.24	22		(投) 9 (外) 6 (一) 1 (二) 1
0	0	0.136		0.174	0.136	0.31	20		(外) 13
0	2	0.438		0.438	0.438	0.875	18		(三) 6 (二) 1
0	0	0		0	0	0	25		(一) 1
0	0	0		0.5	0	0.5	26		(投) 1
0	0	0		0	0	0	19		(投) 1 (外) 1
0	0	0		0	0	0	38		(投) 1
1	156	0.191		0.295	0.232	0.528			

暴投	ボーク	失点	自責	防御率	順位	WHIP	年齢	備考	守備
3	0	121	83	1.88	⑫	1.33	22		(投) 57
1	1	97	62	2	⑭	1.31	21		(投) 45
2	1	40	27	3.74		1.72	23		(投) 17 (外) 10
1	1	19	12	3.86		1.5	22		(投) 9 (外) 6 (一) 1 (二) 1
0	0	10	10	8.18		3.09	25		(投) 6 (一) 6 (外) 3
1	0	2	1	1.5		2.47	26		(投) 1
1	0	5	1	3		3.38	38		(投) 1
0	0	0	0	0		1	19		(投) 1 (外) 1
9	3	294	196	2.24		1.399			

背番号	野手名	試合	打席	打数	得点	安打	二塁	三塁	本塁	塁打	打点	盗塁	盗刺	犠打	四球	死球	三振
8	坪内　道則	81	376	316	30	75	10	1	2	93	20	26		8	49	2	12
22	伊勢川　真澄	85	352	314	16	58	12	0	1	73	28	1		5	32	1	43
15	鬼頭　政一	81	334	279	22	57	8	0	1	68	22	12		5	49	1	23
20	室脇　正信	84	314	278	16	50	8	0	1	61	12	9		5	31	0	35
6	前田　諭治	74	264	222	19	32	3	0	0	35	7	12		4	36	2	27
5	戸川　信夫	68	250	205	16	41	5	2	0	50	12	5		9	36	0	24
21	岩田　次男	60	230	189	14	40	3	0	2	49	17	10		5	36	0	16
2	灰山　元章	53	227	191	12	27	2	1	1	34	8	5		0	35	1	13
10·1	五味　芳夫	66	219	180	19	35	1	1	1	41	6	17		5	34	0	38
18	福士　勇	58	156	139	5	24	5	0	1	32	11	0		2	15	0	21
3	広田　修三	45	128	102	9	24	6	0	0	30	5	2		3	22	1	20
16	村上　重夫	31	115	99	6	18	3	0	0	21	3	4		5	11	0	4
14	山本　秀男	45	109	103	6	17	2	1	0	21	6	0		2	3	1	8
17	野村　高義	35	40	34	3	8	1	0	0	9	4	1		1	5	0	3
19	内藤　幸三	29	31	28	0	5	1	1	0	8	3	1		0	3	0	4
12	井筒　研一	23	25	25	1	3	0	0	0	3	1	1		0	0	0	6
23	戸川　須賀男	17	23	22	3	3	0	0	0	3	0	0		0	1	0	6
7	景浦　賢一	13	16	16	0	7	0	0	0	7	2	0		0	0	0	2
2	浅原　直人	2	2	2	0	0	0	0	0	0	0	0		0	0	0	1
	菊矢　吉男	1	2	1	0	0	0	0	0	0	0	0		0	0	1	0
11	横田　澄賢	3	1	1	0	0	0	0	0	0	0	0		0	0	0	0
30	竹内　愛一	1	1	1	0	0	0	0	0	0	0	0		0	0	0	0
	チーム計	85	3215	2747	197	524	70	7	10	638	167	106		59	398	10	306

背番号	投手名	登板	先発	完了	完投	完封	無四	勝利	敗戦	投球回	打者	打数	安打	本塁	四球	死球	三振
18	福士　勇	57	37	19	31	5	0	17	28	396.2	1684	1410	293	6	234	8	116
14	山本　秀男	45	25	14	11	0	0	7	19	278.1	1183	1018	221	4	144	6	68
17	野村　高義	17	12	4	2	0	0	1	9	64.2	303	230	52	0	59	1	28
12	井筒　研一	9	6	3	0	0	0	0	2	28	126	102	21	1	21	0	4
19	内藤　幸三	6	4	0	0	0	0	0	1	10.2	64	47	18	1	15	2	6
	菊矢　吉男	1	1	0	0	0	0	0	0	5.2	30	20	4	0	10	0	2
30	竹内　愛一	1	0	0	0	0	0	0	0	2.2	18	11	3	0	6	1	2
11	横田　澄賢	1	0	1	0	0	0	0	0	1	4	3	0	0	1	0	0
	チーム計	85	85	41	44	7	0	25	59	787.2	3412	2841	612	12	490	18	226

併打	失策	打率	順位	出塁	長打	OPS	年齢	備考	守備
0	4	0.241	⑤	0.327	0.29	0.617	28		(外) 104
0	10	0.123	㉟	0.219	0.161	0.381	28		(一) 92 (捕) 18
0	24	0.209		0.276	0.25	0.526	27		(三) 88
0	3	0.163		0.204	0.211	0.415	21		(捕) 78 (一) 1
0	26	0.207		0.317	0.253	0.57	22		(二) 73 (外) 3 (三) 2
0	34	0.183		0.321	0.203	0.524	25		(遊) 74
1	4	0.191		0.26	0.228	0.488	25		(外) 78
0	4	0.203		0.237	0.294	0.531	20		(投) 71 (外) 3 (一) 1
0	4	0.248		0.316	0.352	0.668	26		(外) 62 (一) 1
0	4	0.215		0.301	0.262	0.562	26		(外) 37 (投) 24 (一) 1
0	1	0.176		0.222	0.188	0.41	19		(外) 52 (捕) 2
0	13	0.211		0.241	0.258	0.498	24		(遊) 35 (三) 9
0	5	0.167		0.198	0.186	0.384	25		(二) 28 (遊) 1
0	8	0.136		0.261	0.153	0.413	19		(三) 31 (二) 5
0	0	0.102		0.221	0.186	0.407	23		(投) 24
1	3	0.113		0.154	0.129	0.283	24		(捕) 14 (投) 9 (一) 7 (外) 1
0	0	0.224		0.255	0.224	0.479	24		(一) 15
0	2	0.086		0.135	0.114	0.249	20		(外) 22
0	1	0.12		0.214	0.12	0.334	22		(投) 10 (一) 9
0	0	0.083		0.267	0.083	0.35	19		(二) 17
0	–	0.25		0.4	0.25	0.65	19		–
0	1	0.2		0.429	0.2	0.629	26		(二) 1 (外) 1
0	0	0		0.25	0	0.25	19		(投) 4
0	0	0		0.5	0	0.5	17		(投) 1
0	0	0		0	0	0	20		(投) 1
2	151	0.189		0.266	0.234	0.501			

暴投	ボーク	失点	自責	防御率	順位	WHIP	年齢	備考	守備
1	0	105	61	1.01	①	0.9	20		(投) 71 (外) 3 (一) 1
1	0	53	36	1.87		1.33	23		(投) 24
1	0	36	26	1.52		1.25	26		(外) 37 (投) 24 (一) 1
0	0	24	18	2.61		1.35	22		(投) 10 (一) 9
0	0	12	6	1.74		1.66	24		(捕) 14 (投) 9 (一) 7 (外) 1
1	0	7	5	7.5		3	19		(投) 4
0	0	0	0	0		1	20		(投) 1
0	0	2	0	0		9	17		(投) 1
4	0	239	152	1.41		1.099			

1942年
昭和17年

チーム名
朝日軍

順位
4位

監督
竹内愛一

試合：105
勝：49
敗：50
分：6
勝率：.495

竹内監督は投手育成に定評があり、この年に一宮中学から林安夫投手を入団させ大エースに育てた。林は71登板、44完投32勝22敗。投球回数541・1は今も日本記録として輝いている。そして、福士、内藤幸三も比較的安定した活躍をし、坪内が前年に引続き盗塁王に輝いた。しかし、規定打数に入ったのは坪内の他に広田修三だけ、それもリーグ最下位。林の力投に応えられない試合もあった。竹内は投手主体のチーム作りをしていき、5割の位置まで来た。

背番号	野手名	試合	打席	打数	得点	安打	二塁	三塁	本塁	塁打	打点	盗塁	盗刺	犠打	四球	死球	三振
8	坪内　道則	104	466	407	50	98	12	4	0	118	18	44	19	7	47	5	17
3	広田　修三	105	387	341	12	42	8	1	1	55	16	8	1	4	41	1	69
21	岩田　次男	89	324	292	19	61	9	0	1	73	15	8	2	5	26	1	24
22	伊勢川　真澄	78	318	294	20	48	7	2	1	62	16	3	4	9	14	1	19
15	鬼頭　政一	76	312	261	20	54	7	1	1	66	17	4	7	9	41	1	17
1	五味　芳夫	74	296	241	30	44	1	2	0	49	9	21	11	6	49	0	33
20	室脇　正信	78	276	246	13	47	5	2	0	56	15	8	8	6	21	2	16
11	林　安夫	83	244	231	16	47	8	5	1	68	19	5	2	3	10	0	19
2	浅原　直人	70	232	210	21	52	10	0	4	74	18	10	4	1	21	0	26
19	内藤　幸三	80	195	172	6	37	8	0	0	45	15	5	2	2	21	0	35
10	早川　平一	78	182	170	6	30	2	0	0	32	6	5	3	2	10	0	22
6	酒沢　政夫	46	138	128	7	27	4	1	0	33	7	4	1	5	5	0	9
26	原　秀雄	30	110	102	4	17	0	1	0	19	2	4	3	4	4	0	1
7	景浦　賢一	38	70	59	2	8	1	0	0	9	1	2	1	1	9	1	9
18	福士　勇	26	70	59	3	6	0	1	1	11	3	0	0	2	9	0	8
17	斎藤　忠二	38	68	62	7	7	1	0	0	8	0	1	2	2	3	0	4
23	中谷　順次	18	51	49	1	11	0	0	0	11	2	2	0	0	2	0	5
12·14	大島　渡	22	37	35	2	3	1	0	0	4	1	1	0	0	2	0	5
14	山本　秀男	26	28	25	5	3	0	0	0	3	3	0	0	0	3	0	1
24	野本　良雄	19	15	12	1	1	0	0	0	1	1	1	1	0	3	0	2
16	森　恒雄	10	10	8	0	2	0	0	0	2	0	0	0	0	2	0	1
12	大友　一明	3	7	5	1	1	0	0	0	1	0	0	0	0	2	0	0
5	渡辺　時信	6	4	3	0	0	0	0	0	0	0	0	0	0	1	0	0
25	大橋　一郎	3	2	1	0	0	0	0	0	0	0	0	0	0	1	0	1
25	池田　勝彦	1	1	1	0	0	0	0	0	0	0	0	0	0	0	0	0
	チーム計	105	3843	3414	246	646	84	20	10	800	184	136	71	68	347	12	343

背番号	投手名	登板	先発	完了	完投	完封	無四	勝利	敗戦	投球回	打者	打数	安打	本塁	四球	死球	三振
11	林　安夫	71	51	22	44	12	7	32	22	541.1	2079	1915	351	6	134	4	145
18	福士　勇	24	20	4	11	2	0	9	9	172.2	731	623	138	0	92	1	47
19	内藤　幸三	24	19	3	12	2	0	5	10	153.1	633	505	80	1	112	3	86
14	山本　秀男	10	7	1	3	0	0	2	5	61.1	261	225	50	0	33	1	12
17	斎藤　忠二	9	5	2	1	0	0	1	2	30.2	142	111	20	0	31	0	6
5	渡辺　時信	4	3	1	0	0	0	0	2	5.2	34	20	3	0	14	0	2
25	池田　勝彦	1	0	1	0	0	0	0	0	3	14	9	0	0	3	0	0
25	大橋　一郎	1	0	0	0	0	0	0	0	0.1	5	2	0	0	3	0	0
	チーム計	105	105	34	71	20	7	49	50	968.1	3899	3410	642	7	422	9	298

併打	失策	打率	順位	出塁	長打	OPS	年齢	備考	守備
0	2	0.234	⑦	0.329	0.306	0.635	29		(外) 84
0	36	0.203	㉑	0.29	0.229	0.519	25		(遊) 84
0	2	0.189	㉙	0.26	0.22	0.48	20		(外) 82
0	5	0.203	㉒	0.281	0.236	0.517	20		(捕) 77
0	15	0.248	⑤	0.33	0.324	0.654	25		(三) 67
0	6	0.253		0.357	0.374	0.73	27		(外) 56
0	2	0.258		0.35	0.284	0.634	17		(一) 45
0	9	0.2		0.309	0.243	0.551	27		(二) 46 (外) 1
0	3	0.192		0.223	0.232	0.455	21		(投) 38 (外) 8
0	5	0.16		0.252	0.16	0.412	29		(一) 37 (捕) 9
0	8	0.208		0.248	0.223	0.471	26		(二) 29 (三) 13
0	2	0.221		0.277	0.26	0.536	20		(投) 37
0	0	0.194		0.235	0.28	0.514	27		(投) 29
0	2	0.231		0.344	0.25	0.594	20		(一) 12 (外) 8
0	6	0.163		0.212	0.163	0.375	20		(二) 27
0	0	0.208		0.269	0.25	0.519	21		(外) 15 (捕) 1
0	0	0.059		0.111	0.059	0.17	21		(外) 24
0	1	0		0.048	0	0.048	20		(三) 9 (二) 2
0	–	0		0	0	0	20		–
0	1	1		1	1	2	19		(二) 1
0	105	0.211		0.29	0.256	0.547			

暴投	ボーク	失点	自責	防御率	順位	WHIP	年齢	備考	守備
0	0	41	29	0.89	②	0.83	21		(投) 38 (外) 8
3	0	78	61	1.97	⑦	1.19	20		(投) 37
0	0	66	50	2.25	⑫	1.2	27		(投) 29
3	0	185	140	1.63		1.055			

1943年
昭和18年

順位
3位

チーム名
朝日軍

監督
竹内愛一

試合：84
勝：41
敗：36
分：7
勝率：.532

真田重蔵が海草中学から入団。真田は期待通りの投球で、林安夫、内藤幸三と3人で安定した活躍をした。林はエースとして最後のシーズンを過ごした。打線は中谷が5位、坪内7位、酒沢21位で犠打18はリーグ1位を記録し、それまでの打線とは違うものを見せてくれた。また、新人捕手小林も堅実な守りと打撃でチームを引っ張った。そして、球団創設以来初の勝率5割を超え3位の好成績を。しかし、林、真田は応召され、竹内監督も退団しいよいよ暗い時代に入っていく。

背番号	野手名	試合	打席	打数	得点	安打	二塁	三塁	本塁	塁打	打点	盗塁	盗刺	犠打	四球	死球	三振
8	坪内　道則	84	382	333	48	78	13	4	1	102	23	36	15	2	46	1	20
6	酒沢　政夫	84	366	310	36	63	4	2	0	71	13	16	6	18	37	1	15
10	早川　平一	82	324	291	25	55	9	0	0	64	8	5	4	5	28	0	47
15	小林　章良	79	311	276	16	56	4	1	1	65	25	6	2	5	29	1	29
23	中谷　順次	71	294	262	17	65	14	3	0	85	25	2	5	0	32	0	14
2	浅原　直人	56	233	198	21	50	4	7	2	74	29	11	7	3	32	0	20
16	森本　清三	46	181	155	14	40	4	0	0	44	13	6	3	4	21	1	14
12	大友　一明	48	165	140	8	28	4	1	0	34	9	0	2	3	22	0	10
11	林　安夫	51	158	151	15	29	0	3	0	35	14	2	0	1	6	0	9
3	広田　修三	44	147	131	7	21	0	0	0	21	2	1	0	0	16	0	25
26	原　秀雄	40	140	130	5	27	2	0	0	29	7	1	3	3	7	0	4
18	真田　重蔵	42	115	104	4	23	0	2	0	27	6	2	0	3	7	1	8
19	内藤　幸三	43	98	93	8	18	1	2	1	26	5	4	0	0	5	0	20
5	渡辺　時信	29	61	52	1	12	1	0	0	13	3	1	0	0	9	0	12
24	野本　良雄	30	53	49	4	8	0	0	0	8	2	1	1	1	3	0	4
2	田中　雅治	16	53	48	1	10	2	0	0	12	7	2	0	1	4	0	7
14	大島　渡	24	38	34	2	2	0	0	0	2	1	0	0	2	2	0	9
7	景浦　賢一	14	21	20	0	0	0	0	0	0	0	0	0	0	1	0	5
20	渡辺　静	2	2	2	0	0	0	0	0	0	0	0	0	0	0	0	1
21	田端　美夫	2	1	1	0	1	0	0	0	1	0	0	0	0	0	0	0
	チーム計	84	3143	2780	232	586	62	25	5	713	192	96	48	51	307	5	273

背番号	投手名	登板	先発	完了	完投	完封	無四	勝利	敗戦	投球回	打者	打数	安打	本塁	四球	死球	三振
11	林　安夫	38	31	7	27	12	7	20	11	294	1113	1039	186	2	57	2	94
18	真田　重蔵	37	29	7	24	7	1	13	13	278	1147	987	196	2	135	3	106
19	内藤　幸三	29	24	3	16	4	0	8	12	199.2	824	704	135	0	105	1	97
	チーム計	84	84	17	67	23	8	41	36	771.2	3084	2730	517	4	297	6	297

併打	失策	打率	順位	出塁	長打	OPS	年齢	備考	守備
0	5	0.338	③	0.404	0.449	0.853	30		(外) 29 (三) 7
0	12	0.18	㉗	0.3	0.203	0.503	26		(遊) 32
0	2	0.223	㉑	0.303	0.308	0.611	20		(外) 33
0	7	0.248	⑫	0.325	0.345	0.671	21		(二) 13 (捕) 10 (三) 6 (一) 5
0	6	0.174	㉙	0.224	0.229	0.453	28		(投) 29 (一) 7
0	16	0.16		0.284	0.173	0.457	20		(三) 25 (遊) 3 (二) 1
0	0	0.274		0.337	0.321	0.658	19		(外) 25
0	1	0.198		0.261	0.222	0.484	22		(外) 26
0	7	0.345		0.36	0.46	0.819	29		(一) 19 (投) 5
0	8	0.236		0.304	0.236	0.54	20		(二) 25 (三) 2 (遊) 1
0	2	0.177		0.261	0.226	0.487	19		(捕) 21
0	0	0.256		0.319	0.256	0.575	18		(一) 9 (投) 6 (二) 1
0	2	0.243		0.333	0.27	0.604	30		(捕) 10 (一) 4
0	1	0.276		0.364	0.276	0.639	19		(二) 8 (投) 6
0	69	0.237		0.312	0.294	0.606			

暴投	ボーク	失点	自責	防御率	順位	WHIP	年齢	備考	守備
2	0	78	52	2.1	⑤	1.43	28		(投) 29 (一) 7
1	0	23	18	4.5		1.74	18		(一) 9 (投) 6 (二) 1
3	1	19	17	5.67		2.26	29		(一) 19 (投) 5
1	0	12	11	4.13		1.54	19		(二) 8 (投) 6
7	1	132	98	2.85		1.55			

1944年
昭和19年

順位
5位

チーム名
朝日軍

監督
坪内 道則

試合：35
勝：12
敗：22
分：1
勝率：.353

戦況も悪化し、選手も応召され、プロ野球に見切りをつけての退団、球団の解散もあり6球団での公式戦を行った。朝日軍は主将の坪内が兼任監督となり35試合を戦った。投手は内藤幸三が24試合先発の孤軍奮闘。坪内は・338、投手で一塁手兼任の菊矢が・345を打つも総合力に劣り5位に落ち込んだ。8月に公式戦は休止となり、朝日軍は奈良市御所の軍事工場に疎開した。1945(昭和20)年1月隼軍として東西対抗戦を戦い、戦前・戦中の活動は終わった。

背番号	野手名	試合	打席	打数	得点	安打	二塁	三塁	本塁	塁打	打点	盗塁	盗刺	犠打	四球	死球	三振
	坪内　道則	35	155	136	22	46	11	2	0	61	11	16	1	4	14	1	4
	酒沢　政夫	32	150	128	14	23	1	1	0	26	10	10	2	0	22	0	7
	田中　豊一	33	145	130	21	29	6	1	1	40	7	7	1	0	15	0	20
	金光　彬夫	30	126	113	11	28	5	0	2	39	20	3	2	0	13	0	13
	内藤　幸三	32	117	109	4	19	4	1	0	25	4	1	0	1	7	0	15
	田端　美夫	29	97	81	5	13	1	0	0	14	5	1	1	2	13	1	8
	仁木　安	26	94	84	6	23	4	0	0	27	7	4	1	2	8	0	6
	大島　渡	26	92	81	6	16	0	1	0	18	5	0	2	4	7	0	13
	菊矢　吉男	21	89	87	4	30	5	1	1	40	15	0	0	0	2	0	7
	桜沢　三郎	26	80	72	8	17	0	0	0	17	4	2	3	1	7	0	9
	吉田　弘	22	69	62	4	11	1	1	0	14	0	0	2	0	7	0	17
	森本　清三	11	49	43	4	11	0	0	0	11	5	1	1	2	4	0	2
	広田　修三	15	43	37	2	9	1	0	0	10	3	0	0	1	5	0	4
	大橋　一郎	16	33	29	4	8	0	0	0	8	0	1	0	0	4	0	7
	チーム計	35	1339	1192	115	283	39	8	4	350	96	46	16	17	128	2	132

背番号	投手名	登板	先発	完了	完投	完封	無四	勝利	敗戦	投球回	打者	打数	安打	本塁	四球	死球	三振
	内藤　幸三	29	24	5	21	4	0	11	11	222.1	980	825	183	0	136	1	109
	森本　清三	6	2	3	1	0	0	1	4	35.2	167	132	32	1	30	0	6
	菊矢　吉男	5	4	1	2	0	0	0	4	27	140	103	27	0	34	1	3
	大橋　一郎	6	5	1	1	0	0	0	3	24	114	85	12	0	25	2	4
	チーム計	35	35	10	25	4	0	12	22	309	1401	1145	254	1	225	4	122

併打	失策	打率	順位	出塁	長打	OPS	年齢	備考	守備
0	6	0.287	⑯	0.381	0.431	0.811	26		(外) 105 (投) 1
0	5	0.246	㉝	0.342	0.34	0.683	23		(外) 97 (投) 3
0	13	0.23	㊲	0.285	0.307	0.593	25		(捕) 103
0	35	0.263	㉗	0.361	0.31	0.671	28		(遊) 77
0	4	0.286	⑰	0.349	0.386	0.735	30		(外) 63 (一) 17
0	4	0.268		0.358	0.349	0.708	29		(一) 72
0	26	0.239		0.319	0.305	0.624	25		(二) 43 (遊) 27 (三) 11
0	13	0.207		0.302	0.278	0.58	33		(二) 50 (一) 8 (外) 1
0	4	0.144		0.316	0.209	0.525	29		(外) 58
0	29	0.18		0.246	0.198	0.444	19		(三) 70
0	6	0.237		0.282	0.316	0.598	23		(投) 63
0	3	0.184		0.31	0.194	0.504	27		(投) 39 (外) 1
0	11	0.222		0.327	0.256	0.582	23		(三) 17 (二) 10 (遊) 4 (外) 2
0	2	0.118		0.183	0.171	0.354	27		(投) 24
0	10	0.145		0.266	0.164	0.429	32		(二) 12 (三) 11
0	4	0.167		0.206	0.317	0.523	28		(三) 16 (一) 1 (外) 1
0	0	0.135		0.238	0.243	0.481	21		(捕) 18
0	2	0.135		0.158	0.162	0.32	25		(一) 9 (投) 3
0	0	0.286		0.286	0.5	0.786	30		(投) 5
0	0	0		0.077	0	0.077	23		(一) 4
0	2	0		0.5	0	0.5	22		(一) 1
0	1	–		–	–	–	21		(三) 3
0	–	–		–	–	–	19		–
0	180	0.232		0.319	0.309	0.628			

暴投	ボーク	失点	自責	防御率	順位	WHIP	年齢	備考	守備
10	0	202	163	3.15	⑫	1.35	23		(投) 63
1	0	118	92	3.07	⑩	1.35	27		(投) 39 (外) 1
2	1	85	62	3.58	⑯	1.66	27		(投) 24
0	0	10	7	1.97		1.61	30		(投) 5
0	0	9	6	4.15		1.7	23		(外) 97 (投) 3
0	0	5	5	5		2.11	25		(一) 9 (投) 3
0	0	4	4	18		4	26		(外) 105 (投) 1
13	1	433	339	3.23		1.426			

1946年
昭和21年

順位
7位

チーム名
パシフィック

監督
藤本 定義

試合：105
勝：42
敗：60
分：3
勝率：.412

戦前の朝日軍は田村駒治郎オーナーからゴールドスターとして独立。そのため、急遽藤本定義を監督に球団名をパシフィックとして復帰。真田重蔵はリーグ最多の464・2回を投げ、25勝26敗の活躍。野手も藤本監督を慕って、元巨人白石敏男、元阪神藤井勇の名手や木暮、伊勢川、そして新人の森下重好等、そうそうたる顔ぶれだったが、球団内のゴタゴタもあり、ゴールドスターに1勝差の同率最下位に終わった。5月の4試合もの没収試合が痛かった。

背番号	野手名	試合	打席	打数	得点	安打	二塁	三塁	本塁	塁打	打点	盗塁	盗刺	犠打	四球	死球	三振
4	森下　重好	105	457	397	50	114	27	6	6	171	54	10	2	0	58	2	43
16	木暮　力三	100	442	382	48	94	20	5	2	130	34	6	5	4	55	1	33
22	伊勢川　真澄	103	407	374	22	86	17	3	2	115	51	2	1	4	27	2	30
8	白石　敏男	78	348	300	43	79	10	2	0	93	18	3	6	2	41	5	20
12·7	藤井　勇	78	341	311	35	89	15	2	4	120	35	1	0	0	29	1	18
2	辻井　弘	72	309	269	35	72	9	2	3	94	27	10	2	2	38	0	24
25	松井　信勝	85	307	272	19	65	9	3	1	83	16	12	2	3	31	1	22
11	小島　利男	64	259	227	20	47	14	1	0	63	30	5	0	1	31	0	15
3	富松　信彦	62	239	187	27	27	5	2	1	39	7	8	3	5	46	1	29
26	平野　徳松	70	236	217	19	39	4	0	0	43	8	0	2	0	19	0	38
18	真田　重蔵	63	188	177	20	42	5	3	1	56	16	0	0	0	10	1	9
24	井筒　研一	40	117	98	9	18	1	0	0	19	4	0	1	1	18	0	14
27	喜瀬　正顕	40	104	90	8	20	1	1	0	23	3	1	1	0	14	0	11
17·15	湯浅　芳彰	37	82	76	7	9	2	1	0	13	2	0	0	0	6	0	16
8	高須　清	25	65	55	5	8	1	0	0	9	5	1	1	1	9	0	5
5	中谷　順次	21	63	60	5	10	1	1	2	19	12	0	1	0	3	0	3
28	佐竹　一雄	34	42	37	1	5	1	0	1	9	5	0	0	0	5	0	3
19	藤村　隆男	18	38	37	2	5	1	0	0	6	2	0	0	0	1	0	5
17	V.スタルヒン	5	14	14	1	4	0	0	1	7	2	0	0	0	0	0	1
15·7	小林　章良	7	13	12	0	0	0	0	0	0	0	0	0	0	1	0	5
20	芝田　良三	1	2	1	0	0	0	0	0	0	0	0	0	0	1	0	0
31	大沢　喜好	4	0	0	0	0	0	0	0	0	0	0	0	0	0	0	0
7	平桝　俊之	1	0	0	1	0	0	0	0	0	0	0	0	0	0	0	0
	チーム計	105	4073	3593	377	833	143	32	24	1112	331	59	27	23	443	14	344

背番号	投手名	登板	先発	完了	完投	完封	無四	勝利	敗戦	投球回	打者	打数	安打	本塁	四球	死球	三振
18	真田　重蔵	63	49	13	43	4	1	25	26	464.2	1996	1758	422	4	205	9	200
24	井筒　研一	39	31	8	18	6	1	13	18	269.1	1131	1020	267	5	96	3	36
17·15	湯浅　芳彰	24	17	6	11	1	0	3	12	155.1	713	609	166	5	92	2	40
17	V.スタルヒン	5	4	0	2	0	0	1	1	31.2	138	122	35	1	16	0	11
16	木暮　力三	3	1	2	1	0	0	0	1	12.1	56	47	13	1	8	1	3
19	藤村　隆男	3	2	1	0	0	0	0	0	9	45	34	9	1	10	0	3
4	森下　重好	1	1	0	0	0	0	0	1	2	13	11	6	0	2	0	2
	チーム計	105	105	30	75	12	2	42	59	944.1	4092	3601	918	17	429	15	295

併打	失策	打率	順位	出塁	長打	OPS	年齢	備考	守備
1	7	0.231	㉟	0.312	0.321	0.633	30		(外) 108 (一) 21
0	5	0.257	⑱	0.311	0.369	0.68	31		(外) 119
0	8	0.238	㉙	0.294	0.395	0.689	27		(外) 119
0	27	0.229	㊱	0.333	0.285	0.617	23		(二) 115 (一) 4 (外) 1
0	13	0.257	⑲	0.287	0.322	0.609	26		(捕) 117
1	13	0.212	㊴	0.282	0.272	0.554	22		(一) 106 (捕) 5
0	25	0.225	㊲	0.288	0.319	0.606	29		(三) 100
0	36	0.196		0.287	0.24	0.527	26		(遊) 97 (二) 12
0	3	0.235		0.257	0.325	0.583	24		(投) 52 (一) 1
0	19	0.174		0.221	0.235	0.456	20		(三) 18 (遊) 17 (外) 10
0	3	0.179		0.238	0.192	0.43	28		(投) 34
0	5	0.185		0.293	0.2	0.493	24		(投) 30
0	1	0.219		0.219	0.375	0.594	31		(投) 20
0	14	0.233		0.246	0.317	0.563	22		(遊) 18 (三) 4 (二) 3
0	0	0.167		0.216	0.229	0.445	26		(外) 15 (投) 5 (一) 1
0	0	0.2		0.286	0.2	0.486	28		(投) 7
0	0	0.25		0.25	0.25	0.5	23		(外) 3
0	0	1		1	2	3	24		(一) 1
0	－	－		－	－	－	23		－
2	179	0.228		0.292	0.312	0.604			

暴投	ボーク	失点	自責	防御率	順位	WHIP	年齢	備考	守備
2	0	141	112	2.38	⑭	1.18	24		(投) 52 (一) 1
2	0	71	50	2.05	⑨	1.23	28		(投) 34
3	0	101	72	3.31	㉓	1.63	24		(投) 30
1	0	59	37	2.04		1.17	31		(投) 20
1	0	35	24	4.91		1.92	28		(投) 7
0	0	16	9	3		1.67	26		(外) 15 (投) 5 (一) 1
9	0	423	304	2.55		1.311			

1947年
昭和22年

順位
7位

チーム名
太陽ロビンス

監督
藤本 定義

試合：119
勝：50
敗：64
分：5
勝率：.439

藤井、辻井弘、森下の外野手が安定した活躍を見せた。特に森下はリーグ2位の本塁打を打ち、4番打者としての責務を果たす。伊勢川も打てる捕手として存在感が増した。7人が打撃ランキングに入る少数精鋭となった。真田はタフネスぶりを見せつけ2年連続で400回以上（424・0）を投げ、23勝21敗を記録し、井筒研一も堅実な投球をした。しかし、7位に落ち込み、オーナーとぶつかった藤本監督は金星スターズに移籍した。

背番号	野手名	試合	打席	打数	得点	安打	二塁	三塁	本塁	塁打	打点	盗塁	盗刺	犠打	四球	死球	三振
2	辻井　弘	119	531	467	54	108	19	7	3	150	35	22	9	8	51	4	43
11	藤井　勇	119	512	474	38	122	24	7	5	175	43	6	7	1	36	1	29
4	森下　重好	119	494	458	46	109	22	7	12	181	50	8	4	0	34	2	55
24	荒川　昇治	118	478	411	37	94	4	8	1	117	26	9	7	3	63	1	43
22	伊勢川　真澄	118	473	451	32	116	14	3	3	145	35	8	6	3	17	2	32
23	佐竹　一雄	111	421	382	24	81	17	3	0	104	6	7	3	1	34	3	33
5	中谷　順次	100	418	383	38	86	16	1	6	122	37	8	8	1	34	0	16
25	松井　信勝	108	361	312	31	61	10	2	0	75	17	4	1	9	39	1	25
18	真田　重蔵	55	173	166	15	39	3	3	2	54	17	2	1	2	5	0	9
19	平野　徳松	53	141	132	7	23	3	1	1	31	10	0	1	1	7	1	19
20	井筒　研一	34	87	78	6	14	1	0	0	15	2	1	0	3	5	1	4
9	池田　善蔵	33	75	65	3	12	1	0	0	13	1	0	0	0	10	0	10
17	V.スタルヒン	20	65	64	5	14	2	1	2	24	6	0	0	1	0	0	2
6	蔵本　光夫	35	61	60	8	14	0	1	1	19	5	1	1	0	1	0	7
16	藤村　隆男	25	52	48	4	8	1	1	0	11	3	0	1	1	2	1	5
15	湯浅　芳彰	20	28	25	2	5	0	0	0	5	2	0	0	0	3	0	3
15·7	岩崎　久太郎	3	4	4	0	1	0	0	0	1	0	0	0	0	0	0	0
21	野田　誠二	2	1	1	0	1	1	0	0	2	1	0	0	0	0	0	0
26	石田　良雄	1	0	0	0	0	0	0	0	0	0	0	0	0	0	0	0
	チーム計	119	4375	3981	350	908	138	45	36	1244	296	76	49	34	341	17	335

背番号	投手名	登板	先発	完了	完投	完封	無四	勝利	敗戦	投球回	打者	打数	安打	本塁	四球	死球	三振
18	真田　重蔵	52	44	7	42	5	2	23	21	424	1720	1544	343	9	156	2	152
20	井筒　研一	34	24	9	17	3	0	10	13	219.2	909	815	194	5	76	3	38
9	池田　善蔵	30	24	4	15	0	0	7	15	196	889	705	155	3	164	10	74
17	V.スタルヒン	20	19	1	16	1	2	8	10	162.1	662	605	142	3	48	2	77
15	湯浅　芳彰	7	4	3	2	0	0	1	3	43.1	205	177	58	0	25	2	10
16	藤村　隆男	5	4	1	2	0	0	1	2	26.1	121	100	28	2	16	0	3
	チーム計	119	119	25	94	9	4	50	64	1071.2	4506	3946	920	22	485	19	354

併打	失策	打率	順位	出塁	長打	OPS	年齢	備考	守備
0	29	0.226	㊷	0.298	0.334	0.632	30		(三) 132 (一) 1
0	3	0.242	㉝	0.298	0.293	0.591	30		(外) 119
0	13	0.298	④	0.353	0.379	0.732	31		(一) 125
0	9	0.222	㊸	0.264	0.287	0.551	32		(外) 120 (一) 11
0	54	0.258	㉖	0.319	0.333	0.652	25		(遊) 134
0	6	0.235	㊴	0.27	0.38	0.651	28		(外) 120 (投) 5
0	16	0.246	㉜	0.279	0.348	0.627	30		(二) 95 (一) 8 (外) 1
0	13	0.249		0.301	0.344	0.645	23		(捕) 104 (一) 4
0	24	0.262		0.367	0.329	0.697	24		(捕) 50 (二) 36 (三) 9 (遊) 3
0	3	0.178		0.24	0.225	0.465	25		(外) 53
0	3	0.206		0.236	0.277	0.513	25	ベスト9	(投) 58 (二) 1
0	2	0.271		0.301	0.35	0.651	27		(外) 41 (捕) 10 (二) 1
0	1	0.168		0.191	0.206	0.397	28		(投) 40
0	3	0.128		0.176	0.128	0.304	29		(投) 50
0	4	0.106		0.169	0.136	0.305	27		(二) 22 (遊) 15
0	1	0.167		0.167	0.229	0.396	26		(投) 18 (一) 4
0	2	0.105		0.19	0.132	0.322	24		(投) 22
0	0	0.208		0.296	0.375	0.671	34		(一) 9
0	0	0.2		0.2	0.2	0.4	31		(外) 13
0	0	0.211		0.211	0.263	0.474	21		(投) 10 (外) 3 (二) 1
0	0	0.167		0.231	0.25	0.481	25		(投) 7
0	0	0.167		0.167	0.167	0.333	24		(外) 3
0	0	0.25		0.25	0.25	0.5	23		(投) 2
0	0	0		0	0	0	29		(投) 1
0	–	–		–	–	–	31		–
0	186	0.236		0.289	0.317	0.605			

暴投	ボーク	失点	自責	防御率	順位	WHIP	年齢	備考	守備
3	0	116	97	2.22	⑥	1.07	25	ベスト9	(投) 58 (二) 1
0	2	129	105	3.42	㉑	1.27	28		(投) 40
0	2	142	116	4.03	㉒	1.37	29		(投) 50
1	0	62	45	3.86		1.62	24		(投) 22
0	0	38	35	3.75		1.45	26		(投) 18 (一) 4
0	0	29	24	4.41		1.51	21		(投) 10 (外) 3 (二) 1
0	0	44	38	9.24		2.24	25		(投) 7
0	0	11	9	2.61		1.39	28		(外) 120 (投) 5
1	0	12	11	8.25		2.08	23		(投) 2
0	0	3	1	3		2.33	29		(投) 1
5	4	586	481	3.47		1.321			

1948年
昭和23年

順位
6位

チーム名
大陽ロビンス

監督
長谷川 信義

試合：140
勝：61
敗：74
分：5
勝率：.452

藤本について行った選手の穴を埋めたのは、南海から田川豊と阪神から本堂保次の移籍だった。また、国民リーグから来た松本和雄がショートを守った。辻井が・298で打撃4位の成績を残し、真田の投球は25勝19敗と益々磨きが掛かり、プロ復帰の木下勇投手も17勝をあげた。真田重蔵を育て、その手腕に期待され、学生野球で知られた長谷川監督も健闘したが、5月、10月に大きく負け越したのが痛かった。結局、1年で監督を退任した。

背番号	野手名	試合	打席	打数	得点	安打	二塁	三塁	本塁	塁打	打点	盗塁	盗刺	犠打	四球	死球	三振
5	中谷　順次	134	551	500	47	113	18	9	6	167	50	14	12	0	50	1	37
3	田川　豊	121	517	475	43	115	11	5	1	139	32	19	15	4	36	2	30
12	辻井　弘	125	511	467	44	139	22	5	2	177	41	18	13	4	36	4	24
11	藤井　勇	128	509	481	39	107	15	2	4	138	54	10	4	1	27	0	33
14	松本　和雄	134	497	454	46	117	14	7	2	151	35	10	13	2	40	1	40
4·9	森下　重好	126	455	434	46	102	18	3	13	165	41	5	8	0	19	2	37
8	本堂　保次	114	447	422	48	104	16	6	5	147	37	21	7	6	18	1	29
23	佐竹　一雄	114	373	346	35	86	19	4	2	119	20	8	4	1	24	2	28
24	荒川　昇治	97	298	252	34	66	12	1	1	83	23	19	8	4	41	1	11
27	木暮　力三	64	184	169	8	30	2	3	0	38	13	1	2	1	14	0	33
18	真田　重蔵	66	166	155	17	32	6	1	1	43	13	3	0	5	6	0	11
7	木村　勉	56	148	140	5	38	7	2	0	49	16	4	6	2	6	0	8
15	木下　勇	41	113	107	10	18	2	1	0	22	11	1	0	3	3	0	23
20	井筒　研一	50	96	86	2	11	0	0	0	11	1	1	0	5	5	0	12
6	松井　信勝	36	73	66	1	7	0	1	0	9	4	2	1	2	5	0	8
17	渡辺　誠太郎	33	50	48	2	8	0	0	1	11	2	0	0	2	0	0	9
16	林　直明	22	42	38	4	4	1	0	0	5	3	0	0	0	4	0	6
4	森谷　良平	13	27	24	2	5	1	0	1	9	3	0	0	0	3	0	5
13·10	室脇　正信	19	21	20	2	4	0	0	0	4	2	1	2	1	0	0	3
19	平野　徳松	14	19	19	1	4	1	0	0	5	1	0	0	0	0	0	0
19	江田　貢一	7	13	12	1	2	1	0	0	3	0	0	0	0	1	0	4
25	岩崎　久太郎	5	6	6	0	1	0	0	0	1	0	0	0	0	0	0	2
22	松田　友一	2	4	4	0	1	0	0	0	1	0	0	0	0	0	0	2
21	川内　実	1	1	1	0	0	0	0	0	0	0	0	0	0	0	0	0
2	五味　芳夫	1	0	0	0	0	0	0	0	0	0	1	0	0	0	0	0
	チーム計	140	5121	4726	437	1114	166	50	39	1497	402	138	95	43	338	14	395

背番号	投手名	登板	先発	完了	完投	完封	無四	勝利	敗戦	投球回	打者	打数	安打	本塁	四球	死球	三振
18	真田　重蔵	58	42	13	34	9	6	25	19	392.2	1574	1452	317	10	102	2	172
15	木下　勇	40	34	6	18	1	0	17	13	276	1155	1060	275	19	75	7	59
20	井筒　研一	50	32	13	15	3	4	13	22	259	1092	1002	283	6	73	3	53
16	林　直明	22	8	11	3	1	0	3	4	104.2	472	426	129	10	41	0	28
17	渡辺　誠太郎	18	11	5	5	2	0	2	6	83.2	355	315	85	4	36	0	22
19	平野　徳松	10	3	7	2	0	0	0	2	49	219	199	57	3	17	0	12
19	江田　貢一	7	4	3	1	0	0	0	3	37	187	168	67	6	16	2	6
4·9	森下　重好	5	4	1	2	0	0	1	3	31	129	113	27	1	16	0	2
22	松田　友一	2	2	0	0	0	0	0	2	12	60	50	16	3	9	1	3
21	川内　実	1	0	1	0	0	0	0	0	3	18	16	5	0	2	0	0
	チーム計	140	140	60	80	17	12	61	74	1248	5261	4801	1261	62	387	15	357

併打	失策	打率	順位	出塁	長打	OPS	年齢	備考	守備
0	5	0.287	㉒	0.363	0.417	0.781	31		(外) 127
0	48	0.305	⑩	0.36	0.433	0.793	26		(遊) 126 (三) 7
0	6	0.273	㉟	0.31	0.318	0.628	28		(外) 116
0	6	0.283		0.328	0.469	0.797	33		(一) 64 (外) 36
0	21	0.269	㊳	0.311	0.368	0.679	30		(二) 52 (三) 37 (外) 22 (一) 2
0	32	0.243	㊿	0.303	0.298	0.602	25		(二) 39 (三) 35 (捕) 27
0	12	0.257		0.306	0.343	0.648	32		(捕) 79 (一) 10
0	25	0.244	㊾	0.299	0.373	0.671	22		(二) 58 (三) 41
0	13	0.254		0.332	0.504	0.836	35		(一) 73
0	6	0.245		0.33	0.429	0.759	37		(外) 51
0	2	0.22		0.284	0.333	0.617	29		(外) 60
0	10	0.282		0.317	0.391	0.708	24		(捕) 49 (一) 1
0	22	0.237		0.264	0.338	0.602	29		(三) 32 (二) 14 (遊) 12
0	2	0.281		0.337	0.427	0.764	26		(投) 33
0	0	0.272		0.356	0.457	0.812	26		(外) 32
0	1	0.2		0.306	0.282	0.588	26		(投) 38
0	0	0.229		0.339	0.229	0.568	23		(投) 32
0	2	0.26		0.288	0.36	0.648	30		(投) 27
0	2	0.214		0.327	0.262	0.588	29		(投) 25
0	1	0.18		0.196	0.22	0.416	27		(投) 32
0	1	0.263		0.333	0.421	0.754	24		(投) 23
0	2	0.235		0.278	0.324	0.601	23		(投) 16
0	1	0.238		0.273	0.238	0.511	24		(捕) 12
0	0	0		0	0	0	25		(投) 2
0	0	0		0	0	0	25		(外) 2
0	0	–		–	–	–	20		(投) 1
0	0	–		–	–	–	19		(投) 1
0	220	0.265		0.322	0.383	0.705			

暴投	ボーク	失点	自責	防御率	順位	WHIP	年齢	備考	守備
1	2	154	123	4.81	㉔	1.53	26		(投) 38
1	1	107	88	4.13	⑲	1.34	26		(投) 33
1	1	77	60	3.58		1.56	23		(投) 32
0	0	99	86	5.69		1.49	29		(投) 25
1	0	84	60	4.19		1.55	30		(投) 27
1	0	62	47	3.3		1.31	27		(投) 32
1	0	79	60	5.05		1.77	24		(投) 23
0	2	71	62	6.07		1.82	23		(投) 16
0	0	5	4	5.14		2.21	25		(投) 2
0	0	5	5	22.5		4.5	20		(投) 1
0	0	2	2	18		4	19		(投) 1
6	6	745	597	4.59		1.533			

1949年
昭和24年

順位
8位

チーム名
大陽ロビンス

監督
石本 秀一

試合：133
勝：52
敗：81
分：0
勝率：.391

タイガースで大きな実績を作った石本が監督となり、ロビンスがどのように変わるかと大いに期待された。前年とあまり変わらない布陣だが、本堂は阪神に戻り、中谷は移籍した。しかし、藤井、田川、森下は健在で、戦後、ノンプロで野球をしていた岩本義行が入団し、打線の厚みは広がった。しかし、3年間投げ抜いた真田が故障で不調となり、まさかの最下位で終わった。石本は広島カープの監督になるためチームを去った。

背番号	野手名	試合	打席	打数	得点	安打	二塁	三塁	本塁	塁打	打点	盗塁	盗刺	犠打	四球	死球	三振
3	田川　豊	127	577	513	84	147	23	4	12	214	49	14	10	2	61	1	45
14	松本　和雄	130	547	501	80	153	27	8	7	217	48	7	6	3	41	2	42
7	木村　勉	117	516	484	60	132	12	5	0	154	33	11	8	6	26	0	20
11	藤井　勇	97	418	392	53	111	19	3	16	184	77	3	0	0	24	2	33
5	田中　幸男	112	397	364	31	98	20	2	4	134	46	9	3	11	21	1	32
24	荒川　昇治	106	355	325	48	79	10	1	2	97	37	5	4	2	26	2	22
12	辻井　弘	93	341	315	29	81	8	2	5	108	29	3	3	4	17	5	14
28	平野　徳松	102	335	311	36	76	9	5	7	116	38	2	3	0	22	2	46
4	森谷　良平	89	304	272	44	69	21	1	15	137	41	4	0	0	31	1	55
2	岩本　義行	52	221	196	30	48	12	0	8	84	34	5	2	0	19	6	22
9	森下　重好	79	183	168	17	37	10	0	3	56	17	1	2	0	14	1	24
23	佐竹　一雄	53	165	156	18	44	7	2	2	61	18	3	1	1	8	0	8
8	宮崎　仁郎	60	145	139	18	33	3	4	1	47	16	2	3	1	5	0	14
18	真田　重男	52	105	96	14	27	4	2	2	41	13	0	0	1	8	0	6
27	木暮　力三	49	104	92	13	25	2	0	5	42	13	0	2	0	12	0	19
19	江田　貢一	38	98	85	10	17	1	0	2	24	11	0	0	0	13	0	30
6	宮沢　基一郎	32	57	48	2	11	0	0	0	11	1	1	0	1	8	0	9
20	井筒　研一	27	52	50	2	13	2	0	1	18	5	0	0	0	2	0	4
15	木下　勇	25	52	42	1	9	2	0	0	11	3	1	0	3	7	0	9
17	渡辺　誠太郎	32	51	50	3	9	2	0	0	11	3	0	0	0	1	0	6
22	松田　友一	23	42	38	5	10	0	3	0	16	5	0	0	0	4	0	12
10	小林　恒夫	16	36	34	4	8	3	0	0	11	3	0	0	0	2	0	1
25	目時　春雄	16	22	21	1	5	0	0	0	5	2	0	0	0	1	0	4
16	林　直明	2	2	2	0	0	0	0	0	0	0	0	0	0	0	0	0
29	荻島　秀夫	2	1	1	0	0	0	0	0	0	0	0	0	0	0	0	1
21	北本　重二	1	0	0	0	0	0	0	0	0	0	0	0	0	0	0	0
26	島本　和夫	1	0	0	0	0	0	0	0	0	0	0	0	0	0	0	0
	チーム計	133	5126	4695	603	1242	197	42	92	1799	542	71	47	35	373	23	478

背番号	投手名	登板	先発	完了	完投	完封	無四	勝利	敗戦	投球回	打者	打数	安打	本塁	四球	死球	三振
19	江田　貢一	38	28	6	12	1	0	9	16	229.2	1024	950	288	25	64	3	48
18	真田　重男	33	24	9	15	2	2	13	13	191.1	826	766	201	21	56	1	87
6	宮沢　基一郎	32	22	10	6	1	0	9	12	150.1	672	569	141	9	94	1	62
15	木下　勇	25	20	2	11	0	1	5	13	135.1	603	563	170	21	31	3	38
20	井筒　研一	27	7	14	3	0	1	2	4	128.1	577	535	160	14	39	1	35
17	渡辺　誠太郎	32	3	24	1	0	0	6	8	127.1	546	497	127	12	40	3	48
22	松田　友一	23	12	7	4	1	0	5	6	106.2	500	424	121	9	68	2	40
10	小林　恒夫	16	15	1	6	0	0	3	7	91.1	433	373	112	8	54	1	38
16	林　直明	2	1	1	0	0	0	0	1	6.1	31	27	10	0	4	0	0
21	北本　重二	1	0	1	0	0	0	0	0	2	15	11	5	0	4	0	0
26	島本　和夫	1	1	0	0	0	0	0	1	1	6	6	4	0	0	0	0
	チーム計	133	133	75	58	6	4	52	81	1169.2	5233	4721	1339	119	454	15	396

1950年
昭和25年

順位
1位 セ・リーグ

チーム名
松竹ロビンス

監督
小西得郎

試合：137
勝：98
敗：35
分：4
勝率：.737

セ・リーグに参加したロビンスは、小鶴、大岡、金山、三村等の移籍組に岩本の打撃陣揃い踏みで、これでもかと打ちまくった。個性豊かな選手たちはまとまるのかという心配をよそに復帰した小西監督が自由にやらせたことが成功に繋がった。シーズン908得点は今も日本記録だ。真田投手も39勝をあげ、大エースとして君臨。金山は74盗塁、岩本はトリプルスリーを記録。何もかも超ど級の迫力のチームであった。全てが噛み合い念願の優勝を勝ち取った。

併打	失策	打率	順位	出塁	長打	OPS	年齢	備考	守備
5	20	0.311	⑨	0.36	0.424	0.784	28		(二) 137
19	18	0.281	㉕	0.346	0.502	0.848	38		(一) 135
16	5	0.355	②	0.45	0.729	1.179	28	MVP ベスト9	(外) 129 (一) 1
15	7	0.319	⑦	0.372	0.583	0.956	38	ベスト9	(外) 130
15	31	0.265	㊲	0.366	0.406	0.772	26		(三) 124 (遊) 15
15	14	0.268	㊱	0.373	0.366	0.739	26	ベスト9	(捕) 131
5	50	0.273	㉜	0.338	0.324	0.662	30		(遊) 135
10	3	0.292	⑱	0.346	0.35	0.696	29		(外) 95
8	3	0.261		0.339	0.452	0.791	35		(外) 80
3	1	0.314		0.392	0.448	0.839	27	ベスト9	(投) 61
3	4	0.211		0.286	0.421	0.707	27		(投) 44
1	0	0.224		0.333	0.306	0.639	29	新人王	(投) 34
1	5	0.164		0.282	0.358	0.64	23		(三) 32 (二) 1 (外) 1
0	0	0.255		0.286	0.277	0.562	31		(投) 24
2	1	0.162		0.279	0.162	0.441	25		(捕) 13 (一) 4
3	1	0.257		0.257	0.343	0.6	28		(投) 21
0	0	0.258		0.281	0.29	0.572	31		(外) 15
0	0	0.192		0.222	0.192	0.415	24		(投) 19 (外) 1
0	1	0.083		0.154	0.083	0.237	24		(投) 11
0	0	0		0	0	0	25		(捕) 2
0	–	0.5		0.5	0.5	1	27		–
0	0	0		0	0	0	24		(三) 1
0	0	0		0	0	0	40		(外) 1
0	0	0		0	0	0	20		(投) 1
121	164	0.287		0.361	0.452	0.813			

暴投	ボーク	失点	自責	防御率	順位	WHIP	年齢	備考	守備
3	0	151	134	3.05	⑧	1.06	27	ベスト9	(投) 61
1	0	112	91	2.83	④	1.26	27		(投) 44
0	0	70	51	2.03	①	1.21	29	新人王	(投) 34
0	0	73	54	3.95		1.32	31		(投) 24
0	0	45	43	4.35		1.48	28		(投) 21
0	0	33	33	4.07		1.65	24		(投) 19 (外) 1
0	0	31	30	6.14		2.02	24		(投) 11
0	1	9	9	27		3.67	20		(投) 1
4	1	524	445	3.23		1.266			

背番号	野手名	試合	打席	打数	得点	安打	二塁	三塁	本塁	塁打	打点	盗塁	盗刺	犠打	四球	死球	三振
29	金山　次郎	137	646	594	104	185	26	10	7	252	67	74	13	7	43	2	61
11	大岡　虎雄	135	607	552	86	155	18	1	34	277	109	6	3	0	53	2	78
3	小鶴　誠	130	606	516	143	183	28	6	51	376	161	28	8	0	89	1	53
2	岩本　義行	130	599	552	121	176	23	3	39	322	127	34	8	0	40	7	48
5	三村　勲	126	585	505	102	134	19	2	16	205	72	13	2	0	77	3	79
24	荒川　昇治	132	552	473	88	127	13	12	3	173	51	25	8	0	77	2	35
8	宮崎　仁郎	135	535	479	70	131	13	1	3	155	58	17	7	9	43	4	43
7	木村　勉	102	392	360	63	105	6	3	3	126	37	14	6	2	29	1	10
9	吉田　和生	91	304	272	36	71	9	2	13	123	49	2	2	0	31	1	47
18	真田　重男	73	197	172	28	54	13	2	2	77	36	2	0	3	22	0	19
15	江田　貢一	44	126	114	18	24	3	3	5	48	22	2	1	0	11	1	27
16	大島　信雄	38	100	85	9	19	3	2	0	26	10	1	0	1	14	0	13
28	平野　謙二	37	79	67	12	11	2	1	3	24	7	0	0	1	11	0	13
20	井筒　研一	27	51	47	8	12	1	0	0	13	10	1	0	2	1	1	5
23	佐竹　一雄	17	43	37	5	6	0	0	0	6	2	1	1	0	6	0	2
17	渡辺　誠太郎	21	35	35	1	9	1	1	0	12	2	0	0	0	0	0	6
12	綱島　新八	26	32	31	9	8	1	0	0	9	2	2	2	0	1	0	7
14	宮沢　基一郎	20	27	26	5	5	0	0	0	5	1	1	0	0	1	0	4
10	小林　恒夫	11	13	12	0	1	0	0	0	1	0	0	0	0	1	0	1
25	目時　春雄	4	5	5	0	0	0	0	0	0	0	0	0	0	0	0	0
26	小林　章良	2	2	2	0	1	0	0	0	1	2	0	0	0	0	0	0
12	千原　雅生	2	1	1	0	0	0	0	0	0	0	0	0	0	0	0	0
1	水谷　則一	1	1	1	0	0	0	0	0	0	0	0	0	0	0	0	0
27	島本　和夫	1	1	1	0	0	0	0	0	0	0	0	0	0	0	0	0
	チーム計	137	5539	4939	908	1417	179	49	179	2231	825	223	61	25	550	25	551

背番号	投手名	登板	先発	完了	完投	完封	無四	勝利	敗戦	投球回	打者	打数	安打	本塁	四球	死球	三振
18	真田　重男	61	36	24	28	5	5	39	12	395.2	1583	1482	340	39	81	3	191
15	江田　貢一	44	33	8	23	4	2	23	8	288.1	1198	1110	289	14	75	4	66
16	大島　信雄	34	30	4	13	5	1	20	4	225.1	925	838	197	9	75	1	70
20	井筒　研一	24	15	5	4	0	0	9	4	122.1	537	489	119	10	42	2	32
17	渡辺　誠太郎	21	5	14	1	0	0	5	1	89	390	354	100	10	32	1	21
14	宮沢　基一郎	19	9	8	1	1	0	1	1	72.2	322	275	78	8	42	1	35
10	小林　恒夫	11	9	2	1	0	0	1	5	44	216	185	60	7	29	0	20
27	島本　和夫	1	0	1	0	0	0	0	0	3	22	15	5	0	6	1	3
	チーム計	137	137	66	71	17	13	98	35	1240.1	5193	4748	1188	97	382	13	438

併打	失策	打率	順位	出塁	長打	OPS	年齢	備考	守備
3	18	0.268	㉘	0.323	0.345	0.668	29		(二) 109 (遊) 1
12	1	0.351	②	0.448	0.628	1.076	39	ベスト9	(外) 110
8	8	0.276	㉓	0.365	0.367	0.732	27		(捕) 100
8	34	0.229	㊺	0.33	0.378	0.708	27		(三) 107 (遊) 3
11	4	0.261	㉛	0.351	0.509	0.861	29		(外) 74 (一) 30
12	7	0.231	㊹	0.29	0.327	0.618	36		(外) 98
4	38	0.271	㉖	0.305	0.378	0.682	31		(遊) 97
7	6	0.299	⑪	0.335	0.385	0.721	28		(一) 85 (捕) 8
7	2	0.296		0.355	0.342	0.696	30		(外) 65 (二) 2 (三) 1
1	17	0.198		0.224	0.355	0.579	24		(遊) 25 (三) 12 (二) 5
1	5	0.243		0.263	0.339	0.602	25		(投) 55
2	2	0.261		0.363	0.318	0.681	30		(投) 36
1	2	0.242		0.333	0.364	0.697	39		(一) 19
2	0	0.317		0.369	0.4	0.769	28		(投) 24 (三) 2
2	3	0.2		0.29	0.255	0.545	28		(投) 28
2	0	0.304		0.385	0.391	0.776	32		(外) 26
1	2	0.195		0.283	0.341	0.624	26		(捕) 18
1	0	0.047		0.068	0.047	0.115	32		(投) 27
0	0	0.192		0.222	0.192	0.415	30		(投) 15
0	0	0.294		0.333	0.294	0.627	28		(投) 19
0	0	0.545		0.545	0.818	1.364	21		(投) 14
0	2	0.1		0.1	0.1	0.2	24		(三) 5 (二) 1
0	0	0.5		0.5	0.5	1	25		(外) 1
0	0	–		–	–	–	37		(二) 1
0	0	–		–	–	–	19		(捕) 1
85	151	0.268		0.337	0.396	0.733			

暴投	ボーク	失点	自責	防御率	順位	WHIP	年齢	備考	守備
10	2	179	158	4.85	㉓	1.46	25		(投) 55
2	1	95	66	2.74	⑥	1.24	30		(投) 36
0	5	76	57	3.38	⑬	1.27	28		(投) 28
1	3	68	61	4.9		1.44	32		(投) 27
0	0	62	56	5.31		1.43	28		(投) 24 (三) 2
2	0	46	43	5.86		1.61	30		(投) 15
1	1	45	38	6.33		1.97	28		(投) 19
0	0	27	21	5.56		1.74	21		(投) 14
16	12	598	500	4.41		1.424			

1951年
昭和26年

順位
4位 セ・リーグ

チーム名
松竹ロビンス

監督
新田恭一

試合：115
勝：53
敗：57
分：5
勝率：.482

日本シリーズ敗退のイザコザから小西監督が辞任。理論家新田恭一が監督に就任。小鶴の打撃師匠ということから、打線強化も期待されるも、肝心の小鶴が腰痛で故障し、ホームラン半減、打率も1割近く落とす不調。そして、チームのまとめ役の大岡が途中退団。ベテラン岩本は前年を上回る・351を打ち、気を吐いたものの、エース真田の勝利数が39勝から7勝と激減。小林恒夫の躍進、大島は昨年並みの活躍をしたが、チーム内の不協和音が少しずつ響いてきた。

背番号	野手名	試合	打席	打数	得点	安打	二塁	三塁	本塁	塁打	打点	盗塁	盗刺	犠打	四球	死球	三振
29	金山　次郎	109	522	473	83	127	18	3	4	163	36	42	14	11	38	0	39
2	岩本　義行	110	496	422	100	148	24	0	31	265	87	10	4	0	63	11	43
24	荒川　昇治	103	458	392	61	108	9	6	5	144	42	15	6	11	55	0	31
6	三村　勲	109	452	389	52	89	15	2	13	147	57	1	2	4	59	0	73
3	小鶴　誠	97	441	387	68	101	16	4	24	197	85	20	3	0	54	0	43
9	吉田　和生	101	428	394	47	91	17	3	5	129	55	9	2	1	31	2	25
8	宮崎　仁郎	97	372	347	35	94	10	3	7	131	36	6	3	8	16	1	23
26	小林　章良	95	337	314	40	94	8	2	5	121	48	0	1	6	17	0	29
7	木村　勉	73	275	243	42	72	7	2	0	83	23	9	4	10	22	0	10
28	平野　謙二	41	126	121	11	24	5	1	4	43	18	1	1	1	3	1	38
10	小林　恒夫	55	118	115	14	28	5	0	2	39	15	0	0	0	3	0	16
16	大島　信雄	46	104	88	15	23	3	1	0	28	11	2	0	2	12	2	6
11	大岡　虎雄	19	75	66	6	16	5	0	1	24	10	0	1	0	9	0	14
18	真田　重男	39	65	60	9	19	2	0	1	24	13	1	0	0	5	0	6
15	江田　貢一	28	62	55	3	11	0	0	1	14	1	1	0	0	7	0	13
12	網島　新八	39	52	46	6	14	2	1	0	18	3	3	1	0	6	0	4
25	目時　春雄	26	46	41	7	8	0	0	2	14	9	0	0	0	4	1	9
20	井筒　研一	32	45	43	1	2	0	0	0	2	1	0	0	1	1	0	9
22	岩本　信一	16	27	26	4	5	0	0	0	5	3	0	0	0	1	0	10
23	林　茂	19	21	17	2	5	0	0	0	5	1	0	0	3	1	0	3
21	島本　和夫	14	11	11	2	6	1	1	0	9	1	0	0	0	0	0	3
5	出口　和文	5	10	10	1	1	0	0	0	1	0	0	0	0	0	0	3
14	宮沢　基一郎	1	2	2	0	1	0	0	0	1	1	0	0	0	0	0	0
40	石丸　藤吉	1	0	0	0	0	0	0	0	0	0	0	0	0	0	0	0
27	神崎　安隆	1	0	0	0	0	0	0	0	0	0	0	0	0	0	0	0
	チーム計	115	4545	4062	609	1087	147	29	105	1607	556	120	42	58	407	18	450

背番号	投手名	登板	先発	完了	完投	完封	無四	勝利	敗戦	投球回	打者	打数	安打	本塁	四球	死球	三振
10	小林　恒夫	55	35	15	14	3	0	18	15	293	1285	1135	307	25	120	8	108
16	大島　信雄	36	19	16	13	2	1	15	13	216.2	905	833	211	13	57	1	61
15	江田　貢一	28	14	13	5	1	1	4	8	151.2	639	587	155	13	38	3	29
20	井筒　研一	27	10	10	2	0	0	0	3	112	489	440	124	16	37	2	27
18	真田　重男	24	12	10	1	1	0	7	6	94.2	418	387	110	15	25	0	33
22	岩本　信一	15	11	1	4	0	0	4	5	65.2	290	253	76	6	30	1	14
23	林　茂	19	11	1	1	0	0	5	4	53.1	264	212	59	4	46	1	26
21	島本　和夫	14	3	9	0	0	0	0	3	34	159	137	39	4	20	1	9
	チーム計	115	115	75	40	8	4	53	57	1021	4449	3984	1081	96	373	17	307

1952年
昭和27年

順位
7位 セ・リーグ

チーム名
松竹ロビンス

監督
新田 恭一

試合：102
勝：34
敗：84
分：2
勝率：.288

2年前優勝したチームとは思えないくらい、迫力のないチームに変わってしまった。岩本は大洋へ、ロビンスの至宝真田は阪神に、大島も中日に移籍した。小鶴、金山は残ったが4番小林章良は33打点と迫力不足だった。新田監督も「理論だけでは采配はできぬ」と叩かれた。田村駒治郎も本業に集中し、球団経営に資金をつぎ込めなくなり、シーズン前から年俸調停等でゴタゴタした。最下位に終わり、大洋ホエールズと合併、田村駒治郎は球界から去った。

併打	打撃妨害	失策	打率	順位	出塁	長打	OPS	年齢	備考	守備
5	0	14	0.238	㊴	0.276	0.315	0.59	30		(二) 117
14	2	7	0.284	⑮	0.359	0.451	0.81	30		(外) 116 (一) 4
16	0	12	0.232	㊶	0.281	0.285	0.566	29		(一) 114 (捕) 6
8	0	34	0.242	㊲	0.271	0.3	0.571	32		(遊) 111
12	1	16	0.223	㊹	0.268	0.333	0.601	27		(捕) 115
7	0	24	0.217	㊼	0.282	0.31	0.591	28		(三) 105
4	0	9	0.224	㊸	0.279	0.317	0.596	25		(外) 87 (三) 9 (遊) 9 (二) 1
9	0	4	0.191	㊽	0.246	0.252	0.498	33		(外) 97
6	0	2	0.209		0.25	0.264	0.514	27		(外) 46 (一) 4
1	0	3	0.188		0.215	0.188	0.403	26		(投) 50
2	0	1	0.167		0.202	0.278	0.48	22		(投) 41
2	0	1	0.174		0.24	0.217	0.457	29		(投) 42
0	0	3	0.182		0.239	0.273	0.512	28		(三) 21 (二) 5
0	0	0	0.279		0.319	0.5	0.819	37		(外) 17
2	0	3	0.1		0.156	0.2	0.356	21		(投) 26 (外) 4
0	0	1	0.182		0.25	0.2	0.45	23		(外) 22
0	0	1	0.115		0.179	0.192	0.371	21		(投) 15
0	0	0	0.087		0.087	0.087	0.174	33		(投) 10 (外) 2
0	0	0	0.118		0.118	0.118	0.235	20		(投) 17
1	0	1	0.143		0.25	0.214	0.464	19		(捕) 4 (外) 1
0	0	1	0.125		0.125	0.25	0.375	19		(外) 10
0	0	1	0.143		0.143	0.143	0.286	20		(捕) 4
0	0	0	0.286		0.286	0.286	0.571	26		(投) 7
0	0	0	0		0	0	0	29		(投) 4
0	0	0	0		0	0	0	20		(二) 1
89	3	138	0.223		0.273	0.309	0.582			

暴投	ボーク	失点	自責	防御率	順位	WHIP	年齢	備考	守備
0	4	156	132	3.69	⑯	1.39	26		(投) 50
1	1	110	96	3.68	⑮	1.51	22		(投) 41
5	1	102	82	3.45	⑬	1.19	29		(投) 42
1	6	78	65	5.74		1.77	21		(投) 26 (外) 4
1	0	52	44	5.91		1.66	21		(投) 15
0	0	25	19	3.11		1.36	33		(投) 10 (外) 2
1	1	32	28	4.85		1.73	20		(投) 17
0	1	14	13	6.5		1.79	26		(投) 7
0	0	4	2	3		2.47	29		(投) 4
9	14	573	481	4.05		1.456			

背番号	野手名	試合	打席	打数	得点	安打	二塁	三塁	本塁	塁打	打点	盗塁	盗刺	犠打	四球	死球	三振
29	金山　次郎	117	510	483	48	115	18	5	3	152	22	63	20	2	23	2	43
3	小鶴　誠	119	504	450	57	128	24	0	17	203	49	19	7	0	51	1	44
26	小林　章良	119	490	453	31	105	9	0	5	129	33	7	4	6	30	1	49
8	宮崎　仁郎	111	459	433	32	105	11	1	4	130	31	9	4	9	16	1	32
25	目時　春雄	115	416	390	21	87	18	2	7	130	36	8	2	1	19	5	48
6	三村　勲	106	413	378	26	82	21	1	4	117	33	2	0	1	30	4	69
28	平野　謙二	101	413	379	32	85	17	3	4	120	29	6	4	5	24	5	46
9	網島　新八	100	368	341	27	65	8	2	3	86	29	7	3	2	24	1	41
4	野草　義輝	62	156	148	4	31	6	1	0	39	11	1	0	0	8	0	28
10	小林　恒夫	50	121	117	8	22	0	0	0	22	4	0	0	0	4	0	19
21	島本　和夫	41	94	90	7	15	3	2	1	25	3	0	0	0	4	0	21
18	片山　博	44	78	69	4	12	3	0	0	15	2	0	1	3	5	1	21
7	田所　重蔵	36	72	66	6	12	1	1	1	18	5	0	0	1	5	0	11
5	吉田　和生	17	72	68	9	19	6	0	3	34	10	1	0	0	4	0	3
17	椙本　勝	44	65	60	4	6	1	1	1	12	4	0	0	1	3	1	13
24	西倉　実	28	60	55	3	10	1	0	0	11	0	4	0	0	5	0	7
15	荻原　隆	16	29	26	2	3	0	1	0	5	2	0	0	1	2	0	4
20	井筒　研一	25	24	23	3	2	0	0	0	2	0	0	0	1	0	0	3
19	鈴木　康司	17	17	17	0	2	0	0	0	2	0	0	0	0	0	0	3
32	松岡　一郎	13	16	14	0	2	1	0	0	3	0	0	0	0	2	0	1
31	児玉　幸雄	12	8	8	0	1	1	0	0	2	0	0	0	0	0	0	2
27	神崎　安隆	18	7	7	2	1	0	0	0	1	0	0	0	0	0	0	0
22	石川　清逸	7	7	7	0	2	0	0	0	2	0	0	0	0	0	0	0
23	林　茂	4	1	1	0	0	0	0	0	0	0	0	0	0	0	0	1
12	手沢　庄司	1	1	1	0	0	0	0	0	0	0	0	0	0	0	0	0
	チーム計	120	4401	4084	326	912	149	20	53	1260	303	127	45	33	259	22	509

背番号	投手名	登板	先発	完了	完投	完封	無四	勝利	敗戦	投球回	打者	打数	安打	本塁	四球	死球	三振
10	小林　恒夫	50	37	13	26	6	2	12	27	321.2	1379	1224	325	21	121	6	159
21	島本　和夫	41	25	7	15	0	0	9	15	234.1	1027	882	235	13	118	7	71
18	片山　博	42	22	14	8	1	2	7	15	213.2	876	803	208	21	47	8	74
17	椙本　勝	26	17	6	3	0	0	4	12	102	480	422	128	8	53	2	26
15	荻原　隆	15	7	6	0	0	0	1	6	67	308	279	91	7	20	2	16
20	井筒　研一	10	4	4	1	0	0	1	4	54.1	229	218	64	1	10	0	8
19	鈴木　康司	17	5	12	0	0	0	0	2	52	234	198	56	2	34	1	18
22	石川　清逸	7	2	3	0	0	0	0	2	17.1	81	70	23	1	8	3	7
23	林　茂	4	1	2	0	0	0	0	1	5.2	32	27	9	0	5	0	2
	チーム計	120	120	67	53	7	4	34	84	1068	4646	4123	1139	74	416	29	381

セントラル・リーグ優勝を果たした松竹ロビンスの選手たち

第6章

記録から見る、1950年松竹ロビンス優勝

1950（昭和25）年松竹ロビンスがセントラル・リーグ優勝を果たした。
それまで、あんなに勝てなかったロビンスが
巨人、中日を抑えてぶっちぎりの優勝をした。
今も尚、最強打線と言われている「水爆打線」の破壊力、
戦前から球団を支えた大エース真田重蔵と
投手陣たちの力を発揮し、その個性派集団を寝業師小西得郎監督と
大東京軍からの参謀水谷則一助監督が引っ張っていった。
その、凄まじいチーム力を記録と記憶で検証します。

悲願の松竹ロビンス優勝

１９３６（昭和11）年大東京軍として日本野球連盟に加入して、戦争で中断をはさみながら、セ・パ両リーグに分立後の１９５０（昭和25）年セントラル・リーグ初代優勝チームとして、結成以来15年目に悲願の優勝をした松竹ロビンス。

勝率・７３７は今もセントラル・リーグ１位の記録である。

リーグ分立の混乱の中、小鶴誠、大岡虎雄、金山次郎、三村勲の強力メンバーが加入し、前年入団した岩本義行を4番に据え、水爆打線のネーミング通りの破壊力とタフネス・エース真田重蔵を中心とした投手陣の安定感は、記録から見てどのようなものだったのか？　記録から検証していきます。

まず、以下の点から松竹ロビンスの強さを見てみよう。

・小鶴・岩本を代表とするチームダントツの本塁打数　１７９本

2位ドラゴンズ　１４４　35本の大差

3番 小鶴 51本塁打、4番 岩本39本、5番 大岡34本と3人で１２４本塁打。

三村が16本、91試合の吉田が13本。投手の江田まで5本を打つ強打で、本塁打数最少の国鉄66本塁打との差は１１３本塁打。大洋が１１１本でプラスしてもかなわない。

・強打のあいだにある機動力～金山らのチーム盗塁数は223個

2位ジャイアンツ212とは10個の差である。1番打者の金山が74個で盗塁王を獲得しているが、そこの差ではない。3番の小鶴が28盗塁、4番岩本が34盗塁しているのが大きい。巨人の4番川上も34盗塁しているが29本塁打。3番青田が33本塁打29盗塁と岩本と近い数字を出しているが、下位打線を打つ捕手荒川が25盗塁と全体的機動力があり、脇役の選手が機動力を発揮し塁を賑わせ、お膳立てを作った。そして、3、4、5番がその期待に答えるように玉突きのように打ちまくり、小鶴161打点、岩本127打点、大岡109打点の100打点トリオが形成されていた。走れない大岡、吉田重ね固めて下位打線の荒川から岩本まで走る軍団化している。併殺を怖がらない積極性は自軍の強力打線を信頼していたのだろう。また、三振数はリーグ1位と豪快なイメージがある反面、木村勉のように392打席で10三振というしぶとい打者がいたことも見逃せない。

優勝して球場をまわる松竹の選手たち

・併殺は少ないが失策も少ない手堅い守備～守備率2位・971、1位ドラゴンズ・972

内野陣の併殺が少ないが、守備率がリーグ2位ということを考えると、確実に1つずつアウトを取り強力打線の爆発を待つような姿勢に感じる。

併殺崩れやエラーによる大崩れを避ける考え方があったのだろう。

・バッテリーエラーが少なく、守備陣の守りやすさの演出

死球（13）＋暴投（4）＋ボーク（1）＋捕逸（2）の守備の堅さ。

捕逸2個という、変化球の少ない時代とはいえ、荒川捕手の守備の上手さと四球を出さない投手のコントロールの安定感があったとしても守備に定評のある2位ジャイアンツの26に比べて少ないのが驚きだ。松竹という豪快なイメージからは異なる守備が優勝の基礎にもなっている。

・攻めは大胆、守りは手堅い～オールラウンドな強さ

注目するところは2番をよく打った三村の犠打が「0」という数字だ。

チーム全体で犠打25はリーグ最少で、最多の巨人60と比べて半分以下の数字だ。6位の西日本パイレーツが27犠打という事で、犠打の数と攻撃力に大きな違いを見いだせないが、水爆打線の破壊力の前には、犠打はそれほど効果がなかったと言えるだろう。

犠打が少ない代わりに積極的に盗塁を実行し、強力打線の破壊力にかけたと思える。

以上の数字から、松竹ロビンスのチーム力の高さが確認できる。

小西監督は当時の雑誌の対談で「優勝はするけれども、目の前の一戦一戦を無になって勝つ」

というように、細かい野球をするより、各選手の技術を信じて、野手は岩本、大岡のベテランを中心に小鶴を打線の核に動かしていき、金山、宮崎、荒川等の名脇役たちの成長を楽しんでいる。投手は大エース真田を先発、リリーフと中心に、江田の復活、大島の使い勝手の良さを勝利の要因と考えていた。夏場には「中日、巨人より実力は上だ」ということを、岩本、小鶴が答えている。そして、その言葉通りに最後まで松竹は勝ち続けた。

松竹ロビンスは、シーズン前の予想を裏切る、圧倒的な力で中日、巨人を倒し、初代セ・リーグ覇者となったが、日本シリーズ前に真田投手と小鶴外野手との評価を巡って、少しずつチームワークが崩れ始め、真田、小鶴の怪我もあり、パ・リーグの覇者毎日オリオンズに2勝4敗で敗れ、その敗戦から小西監督は辞任、給与の問題などから優勝メンバーは離散していき、2年後の1952（昭和27）年に最下位となり、大洋ホエールズと合併。初代セ・リーグ覇者松竹ロビンスはプロ野球から退場した。

1950年リーグ優勝の投打の立役者、小鶴誠（左）と真田重男

四球	死球	三振	併打	失策	打率
550	25	551	121	164	.287
444	16	422	102	148	.274
570	21	490	117	193	.269
475	12	412	106	197	.270
488	11	411	117	199	.273
439	16	446	122	235	.261
393	17	541	114	225	.245
418	29	452	124	229	.244

四球	死球	奪三	暴	ボ	失点	自責	防御率
382	13	438	4	1	524	445	3.23
450	17	558	12	1	597	510	3.73
387	12	632	8	1	522	410	2.90
457	22	352	6	1	696	586	4.19
480	29	467	10	3	761	622	4.47
438	21	326	4	5	759	615	4.66
656	12	551	19	9	790	628	4.67
527	21	401	15	4	877	688	5.20

死球	三振	併打	失策	打率	順位	出塁	長打	OPS	年齢	備考	守備
2	61	5	20	.311	⑨	.360	.424	.784	28		(二) 137
2	78	19	18	.281	㉕	.346	.502	.848	38		(一) 135
1	53	16	5	.355	②	.450	.729	1.179	28	MVP ベスト9	(外) 129 (一) 1
7	48	15	7	.319	⑦	.372	.583	.956	38	ベスト9	(外) 130
3	79	15	31	.265	㊲	.366	.406	.772	26		(三) 124 (遊) 15
2	35	15	14	.268	㊱	.373	.366	.739	26	ベスト9	(捕) 131
4	43	5	50	.273	㉜	.338	.324	.662	30		(遊) 135
1	10	10	3	.292	⑱	.346	.350	.696	29		(外) 95
1	47	8	3	.261		.339	.452	.791	35		(外) 80
0	19	3	1	.314		.392	.448	.839	27	ベスト9	(投) 61
1	27	3	4	.211		.286	.421	.707	27		(投) 44
0	13	1	0	.224		.333	.306	.639	29	新人王	(投) 34
0	13	1	5	.164		.282	.358	.640	23		(三) 32 (二) 1 (外) 1
1	5	0	0	.255		.286	.277	.562	31		(投) 24
0	2	2	1	.162		.279	.162	.441	25		(捕) 13 (一) 4
0	6	3	1	.257		.257	.343	.600	28		(投) 21
0	7	0	0	.258		.281	.290	.572	31		(外) 15
0	4	0	0	.192		.222	.192	.415	24		(投) 19 (外) 1
0	1	0	1	.083		.154	.083	.237	24		(投) 11
0	0	0	0	.000		.000	.000	.000	25		(捕) 2
0	0	0	-	.500		.500	.500	1.000	27		—
0	0	0	0	.000		.000	.000	.000	24		(三) 1
0	0	0	0	.000		.000	.000	.000	40		(外) 1
0	0	0	0	.000		.000	.000	.000	20		(投) 1
25	551	121	164	.287		.361	.452	.813			

死球	三振	暴投	ボーク	失点	自責	防御率	順位	WHIP	年齢	備考	守備
3	191	3	0	151	134	3.05	⑧	1.06	27	ベスト9	(投) 61
4	66	1	0	112	91	2.83	④	1.26	27		(投) 44
1	70	0	0	70	51	2.03	①	1.21	29	新人王	(投) 34
2	32	0	0	73	54	3.95		1.32	31		(投) 24
1	21	0	0	45	43	4.35		1.48	28		(投) 21
1	35	0	0	33	33	4.07		1.65	24		(投) 19 (外) 1
0	20	0	0	31	30	6.14		2.02	24		(投) 11
1	3	0	1	9	9	27.00		3.67	20		(投) 1
13	438	4	1	524	445	3.23		1.266			

1950年球団別打撃成績

球団		試合	打席	打数	得点	安打	二塁	三塁	本塁	塁打	打点	盗塁	盗刺	犠打
松竹	優勝	137	5539	4939	908	1417	179	49	179	2231	825	223	61	25
中日	2	137	5288	4787	745	1311	229	54	144	2080	693	179	66	40
巨人	3	140	5484	4831	724	1297	208	27	126	1937	673	212	65	60
大阪	4	140	5494	4960	766	1337	234	46	120	2023	706	147	52	45
大洋	5	140	5511	4972	759	1356	258	35	111	2017	694	180	60	40
西日本	6	136	5214	4731	633	1233	175	42	106	1810	583	165	74	27
国鉄	7	138	5087	4626	480	1131	142	37	66	1545	436	104	73	51
広島	8	138	5205	4703	511	1145	162	37	81	1624	463	74	38	52

1950年球団別投手成績

球団		試合	完投	完封	無四球	勝利	敗戦	投球回	打者	打数	被安	被本
松竹	優勝	137	71	17	13	98	35	1240.1	5193	4748	1188	97
中日	2	137	72	14	4	89	44	1230.2	5287	4772	1245	85
巨人	3	140	89	19	12	82	54	1271.1	5252	4811	1142	94
大阪	4	140	60	11	7	70	67	1257.1	5422	4896	1317	148
大洋	5	140	60	5	8	69	68	1252	5528	4984	1388	146
西日本	6	136	57	2	10	50	83	1188.2	5304	4801	1319	120
国鉄	7	138	42	6	5	42	94	1209.1	5430	4722	1254	114
広島	8	138	59	3	6	41	96	1191	5406	4815	1374	129

背番	野手名	試合	打席	打数	得点	安打	二塁	三塁	本塁	塁打	打点	盗塁	盗刺	犠打	四球
29	金山　次郎	137	646	594	104	185	26	10	7	252	67	74	13	7	43
11	大岡　虎雄	135	607	552	86	155	18	1	34	277	109	6	3	0	53
3	小鶴　誠	130	606	516	143	183	28	6	51	376	161	28	8	0	89
2	岩本　義行	130	599	552	121	176	23	3	39	322	127	34	8	0	40
5	三村　勲	126	585	505	102	134	19	2	16	205	72	13	2	0	77
24	荒川　昇治	132	552	473	88	127	13	12	3	173	51	25	8	0	77
8	宮崎　仁郎	135	535	479	70	131	13	1	3	155	58	17	7	9	43
7	木村　勉	102	392	360	63	105	6	3	3	126	37	14	6	2	29
9	吉田　和生	91	304	272	36	71	9	2	13	123	49	2	2	0	31
18	真田　重男	73	197	172	28	54	13	2	2	77	36	2	0	3	22
15	江田　貢一	44	126	114	18	24	3	3	5	48	22	2	1	0	11
16	大島　信雄	38	100	85	9	19	3	2	0	26	10	1	0	1	14
28	平野　謙二	37	79	67	12	11	2	1	3	24	7	0	0	1	11
20	井筒　研一	27	51	47	8	12	1	0	0	13	10	1	0	2	1
23	佐竹　一雄	17	43	37	5	6	0	0	0	6	2	1	1	0	6
17	渡辺　誠太郎	21	35	35	1	9	1	1	0	12	2	0	0	0	0
12	綱島　新八	26	32	31	9	8	1	0	0	9	2	2	2	0	1
14	宮沢　基一郎	20	27	26	5	5	0	0	0	5	1	1	0	0	1
10	小林　恒夫	11	13	12	0	1	0	0	0	1	0	0	0	0	1
25	目時　春雄	4	5	5	0	0	0	0	0	0	0	0	0	0	0
26	小林　章良	2	2	2	0	1	0	0	0	1	2	0	0	0	0
12	千原　雅生	2	1	1	0	0	0	0	0	0	0	0	0	0	0
1	水谷　則一	1	1	1	0	0	0	0	0	0	0	0	0	0	0
27	島本　和夫	1	1	1	0	0	0	0	0	0	0	0	0	0	0
	チーム計	137	5539	4939	908	1417	179	49	179	2231	825	223	61	25	550

背番	投手名	登板	先発	完了	完投	完封	無四	勝利	敗戦	投球回	打者	打数	安打	本塁	四球
18	真田　重男	61	36	24	28	5	5	39	12	395.2	1583	1482	340	39	81
15	江田　貢一	44	33	8	23	4	2	23	8	288.1	1198	1110	289	14	75
16	大島　信雄	34	30	4	13	5	1	20	4	225.1	925	838	197	9	75
20	井筒　研一	24	15	5	4	0	0	9	4	122.1	537	489	119	10	42
17	渡辺　誠太郎	21	5	14	1	0	0	5	1	89.0	390	354	100	10	32
14	宮沢　基一郎	19	9	8	1	1	0	1	1	72.2	322	275	78	8	42
10	小林　恒夫	11	9	2	1	0	0	1	5	44.0	216	185	60	7	29
27	島本　和夫	1	0	1	0	0	0	0	0	3.0	22	15	5	0	6
	チーム計	137	137	66	71	17	13	98	35	1240.1	5193	4748	1188	97	382

ロビンスチーム別対戦

試合日	ダブル	勝敗	責任投手	得点	失点	相手	球場名	本塁打	表裏
3月10日	△2	●	小林恒	0	4	巨人	平和台		後攻
3月11日	△1	○	井筒	9	4	中日	下関市営	岩本	後攻
3月12日	△1	○	江田	11	3	国鉄	下関市営	小鶴	先攻
3月14日		○	真田	5	4	大洋	八幡桃園	小鶴	先攻
3月18日		○	井筒	6	4	国鉄	中日	岩本	後攻
3月19日	△2	○	真田	18	1	中日	鳴海		先攻
3月22日	△1	○	江田	3	0	広島	後楽園	小鶴	後攻
3月23日	△1	●	小林恒	8	10	大洋	後楽園	岩本2	後攻
3月25日	△1	○	井筒	12	10	西日本	衣笠	小鶴、平野	後攻
3月26日	△1	●	江田	4	7	中日	衣笠	江田	後攻
3月28日		○	真田	14	0	国鉄	長野城山	小鶴、岩本2、平野、金山	後攻
3月29日		○	江田	5	2	国鉄	飯田城下	江田	後攻
3月30日		○	小林恒	6	3	国鉄	岡谷	小鶴	後攻
4月2日	△2	●	真田	4	8	阪神	衣笠	岩本	後攻
4月4日		○	真田	8	7	西日本	平和台	大岡	先攻
4月8日	△1	○	江田	3	2	広島	広島総合	岩本	先攻
4月9日	△1	△	井筒	2	2	大洋	広島総合		先攻
4月11日		○	渡辺	3	1	西日本	福井市営		後攻
4月12日		○	江田	13	10	西日本	金沢兼六園		後攻
4月13日		●	井筒	8	24	西日本	富山神通	岩本	後攻
4月15日	△2	○	真田	2	1	中日	中日		先攻
4月16日	△1	○	江田	4	2	国鉄	鳴海	木村、小鶴	先攻
4月18日	△1	○	大島	9	8	大洋	後楽園	三村、小鶴、木村、岩本	後攻
4月19日	△1	○	江田	3	0	国鉄	後楽園		先攻
4月22日	△1	○	大島	7	5	国鉄	後楽園		先攻
4月23日	△2	○	真田	9	2	巨人	後楽園	真田、大岡、荒川、小鶴	先攻
4月26日	△1	○	渡辺	5	4	西日本	甲子園	大岡	後攻
4月27日	△2	○	江田	5	1	阪神	甲子園	岩本	先攻
4月28日	△1	○	大島	5	0	広島	甲子園	大岡	後攻
4月29日	△2	○	真田	5	1	阪神	甲子園	三村、小鶴	先攻

試合日	ダブル	勝敗	責任投手	得点	失点	相手	球場名	本塁打	表裏
4月30日	△2	●	井筒	1	5	阪神	甲子園		先攻
5月2日	△1	○	真田	3	1	国鉄	後楽園		先攻
5月3日	△2	○	真田	8	7	巨人	後楽園	岩本	先攻
5月6日	△2	○	真田	11	4	中日	後楽園	大岡3、小鶴	先攻
5月9日	△1	○	真田	4	3	国鉄	富山神通		後攻
5月11日	△1	○	井筒	3	2	国鉄	福井市営	小鶴	後攻
5月13日	△1	○	宮沢	8	0	国鉄	甲子園	小鶴	後攻
5月14日	△2	○	真田	2	0	阪神	甲子園	小鶴	先攻
5月16日	△1	●	江田	5	11	国鉄	平和台	大岡	後攻
5月17日		●	真田	4	5	大洋	下関市営	小鶴、大岡	先攻
5月18日		○	江田	13	3	国鉄	厚狭	小鶴、吉田3、大岡、三村	後攻
5月21日		○	真田	16	3	中日	倉敷市営	三村	後攻
5月23日	△2	○	江田	12	5	阪神	甲子園	金山、小鶴2、岩本2	先攻
5月24日	△1	●	大島	3	5	広島	甲子園		後攻
5月25日	△2	●	井筒	6	10	大洋	甲子園	岩本、大岡、小鶴、金山	後攻
5月26日	△1	○	江田	16	3	広島	甲子園	小鶴2、岩本、大岡	後攻
5月28日	△2	●	真田	5	14	阪神	甲子園	金山	先攻
5月30日	△2	○	渡辺	12	9	巨人	後楽園	江田、小鶴、三村	先攻
5月31日	△2	●	真田	7	8	中日	後楽園	岩本、小鶴	先攻
6月3日	△2	●	真田	3	4	中日	後楽園	荒川、大岡	先攻
6月6日		○	渡辺	5	4	中日	中日	大岡	先攻
6月7日		△	真田	2	2	巨人	岐阜県営		先攻
6月8日		●	小林恒	9	11	巨人	衣笠	大岡2、小鶴	後攻
6月10日	△1	●	江田	7	10	巨人	甲子園	岩本	後攻
6月11日	△1	○	真田	10	8	中日	甲子園		後攻
6月16日	△2	○	真田	3	0	巨人	後楽園		先攻
6月17日	△1	●	江田	1	2	広島	後楽園		先攻
6月18日	△2	○	大島	2	0	中日	後楽園	大岡	先攻
6月20日		●	井筒	2	4	広島	石巻		後攻
6月22日	△2	●	真田	2	5	巨人	函館市民	大岡	先攻

試合日	ダブル	勝敗	責任投手	得点	失点	相手	球場名	本塁打	表裏
6月24日	△1	○	大島	5	0	西日本	小樽		後攻
6月26日	△2	●	宮沢	2	3	巨人	札幌円山	小鶴、大岡	先攻
6月27日		○	江田	7	0	広島	札幌円山	三村2、小鶴	後攻
6月28日	△1	○	真田	6	1	広島	青森市営		後攻
6月29日	△1	○	渡辺	11	4	西日本	青森市営	小鶴	後攻
7月1日	△2	○	真田	3	2	巨人	県営宮城		先攻
7月2日	△2	○	大島	4	0	巨人	山形市営		先攻
7月8日	△1	●	大島	5	6	広島	甲子園	小鶴、岩本	後攻
7月9日	△2	○	真田	7	0	巨人	甲子園	宮崎、三村	後攻
7月11日	△2	○	真田	4	2	巨人	後楽園	岩本、小鶴	先攻
7月13日	△1	●	渡辺	3	5	西日本	後楽園	大岡	先攻
7月14日	△4	●	小林恒	3	11	阪神	後楽園		先攻
7月15日	△1	○	真田	8	2	中日	後楽園		先攻
7月16日	△1	●	大島	0	3	巨人	後楽園		先攻
7月18日	△2	○	真田	7	2	西日本	後楽園	吉田	先攻
7月19日	△1	○	江田	5	1	国鉄	後楽園	岩本	先攻
7月21日	△2	○	井筒	5	2	西日本	後楽園	吉田、宮崎	先攻
7月22日	△2	○	大島	10	3	阪神	後楽園	三村2、小鶴	先攻
7月23日	△2	○	真田	8	2	阪神	後楽園	宮崎	先攻
7月26日		○	江田	5	3	大洋	徳山毛利	大岡、小鶴	後攻
7月27日		●	真田	7	13	大洋	倉敷市営	大岡	後攻
7月30日	△2	○	真田	8	6	広島	広島		先攻
8月3日	△1	○	大島	6	3	国鉄	甲子園	岩本、吉田	後攻
8月4日	△2	○	真田	13	4	阪神	甲子園	吉田、大岡、三村	先攻
8月6日	△2	○	江田	9	2	阪神	中日	吉田、江田	後攻
8月8日	△2	○	大島	5	2	大洋	上田市営	吉田	先攻
8月9日	△2	○	真田	17	2	中日	長野城山	金山2、大岡2、岩本	先攻
8月10日		○	井筒	7	3	広島	県営松本		後攻
8月12日	△1	●	江田	2	4	大洋	中日	三村、岩本	先攻
8月13日	△2	○	真田	6	5	中日	中日	小鶴、岩本	先攻
8月15日	△1	○	井筒	4	1	国鉄	県営富山		先攻
8月16日	△2	○	江田	8	0	阪神	金沢兼六園	大岡	先攻

試合日	ダブル	勝敗	責任投手	得点	失点	相手	球場名	本塁打	表裏
8月19日		○	大島	5	1	大洋	多治見		後攻
8月21日		●	真田	4	5	巨人	浜松市営	吉田	先攻
8月22日	△1	○	江田	6	4	大洋	後楽園	小鶴	先攻
8月23日	△2	●	真田	1	4	阪神	後楽園	岩本	後攻
8月26日	△1	○	大島	8	3	大洋	後楽園	岩本、金山	先攻
8月27日	△2	○	江田	3	0	巨人	後楽園	小鶴	先攻
9月9日	△1	○	大島	6	2	大洋	広島総合	岩本	先攻
9月10日	△2	○	真田	10	2	広島	広島総合	小鶴2	先攻
9月13日	△2	○	大島	4	2	西日本	後楽園		後攻
9月14日	△1	○	真田	13	4	広島	後楽園	小鶴	後攻
9月19日	△2	○	真田	5	4	大洋	後楽園		後攻
9月22日	△2	●	真田	1	4	中日	後楽園		先攻
9月23日	△1	●	江田	2	3	中日	神宮		先攻
9月24日	△2	△	渡辺	3	3	大洋	後楽園	大岡	後攻
9月26日	△2	○	真田	9	2	阪神	日生	岩本	先攻
9月28日	△1	○	江田	11	2	国鉄	日生	江田、岩本	後攻
9月30日		○	真田	17	9	広島	中日	小鶴	先攻
10月1日	△2	△	真田	2	2	中日	中日		先攻
10月3日	△1	●	江田	4	5	阪神	大阪	大岡	後攻
10月6日	△2	○	大島	3	2	巨人	大阪	小鶴	後攻
10月7日	△1	○	真田	12	6	中日	大阪	岩本、吉田、小鶴	後攻
10月8日	△2	●	江田	4	5	阪神	大阪	三村、岩本	後攻
10月12日	△2	○	大島	15	3	阪神	大阪	小鶴2、大岡	後攻
10月14日	△2	●	真田	0	6	阪神	甲子園		後攻
10月15日	△2	○	真田	4	3	巨人	甲子園	小鶴	後攻
10月17日	△1	○	真田	14	5	西日本	静岡草薙		先攻
10月18日	△1	○	江田	6	3	西日本	磐田城山	小鶴	先攻
10月19日	△2	○	真田	8	2	中日	中日	小鶴、岩本	先攻
10月21日		○	井筒	13	4	広島	沼田町	小鶴、岩本、大岡2、吉田	先攻
10月22日	①	○	真田	9	0	広島	後楽園	大岡、岩本	先攻
10月22日	②	○	江田	8	2	広島	後楽園	岩本2	先攻

試合日	ダブル	勝敗	責任投手	得点	失点	相手	球場名	本塁打	表裏
10月24日	△1	○	大島	14	1	西日本	日生	三村、木村、小鶴、大岡	後攻
10月25日	△1	○	真田	7	5	国鉄	大阪	小鶴	後攻
10月26日	△2	○	大島	8	7	西日本	大阪	小鶴、大岡	後攻
10月28日	△1	●	真田	3	6	広島	甲子園		後攻
10月29日	△2	●	大島	10	11	大洋	甲子園		後攻
11月1日	△1	○	真田	10	2	広島	後楽園		先攻
11月3日	△2	○	大島	4	3	巨人	後楽園		先攻
11月5日	△2	○	江田	7	2	阪神	甲子園	岩本	後攻
11月7日	△2	○	井筒	15	3	大洋	日生	荒川、小鶴、三村	後攻
11月8日	△2	○	大島	19	3	大洋	日生	吉田、岩本、三村、平野	後攻
11月10日	①	○	真田	9	0	西日本	後楽園	真田	先攻
11月10日	②	○	江田	5	3	西日本	後楽園	小鶴	先攻
11月12日	△2	○	大島	6	0	大洋	後楽園		先攻
11月20日		●	小林恒	0	1	中日	後楽園		先攻
		137		908	524	137	137		先攻74試合 後攻63試合

日本シリーズ									
試合日	ダブル	勝敗	責任投手	得点	失点	相手	球場名	本塁打	表裏
11月22日		●	大島	2	3	毎日	神宮		後攻
11月23日		●	江田	1	5	毎日	後楽園		先攻
11月25日		○	真田	7	6	毎日	甲子園		後攻
11月26日		○	大島	5	3	毎日	西宮	岩本	先攻
11月27日		●	真田	2	3	毎日	中日		後攻
11月28日		●	大島	7	8	毎日	大阪	岩本2	先攻
				24	28				先攻3試合 後攻3試合

真田重蔵1950年の39勝

試合	登間	月日	相手	ダブル	球場	対戦先投	登結果	勝敗	回	被安	被本選手
4		3月14日	大洋		八幡桃園	高野	先降	○	8	11	長持
6	4	3月19日	中日	△2	鳴海	丸山	先完	○	9	5	
8	3	3月23日	大洋	△1	後楽園		2了		6	6	門前
11	4	3月28日	国鉄		長野城山	高橋	先降	○	6	3	
14	4	4月2日	阪神	△2	衣笠	内山	先降	●	4	11	後藤、白坂
15	1	4月4日	西日本		平和台		2了	○	4	7	
18	6	4月11日	西日本		福井市営		2了	S	2	3	
21	3	4月15日	中日	△2	中日	清水	先完	○	9	6	
26	7	4月23日	巨人	△2	後楽園	藤本	先完	○	9	8	千葉、青田
30	5	4月29日	阪神	△2	甲子園	内山	先完	○	9	5	
32	2	5月2日	国鉄	△1	後楽園		2了	○	4	2	
33	連投	5月3日	巨人	△2	後楽園	藤本	先完	○	10	10	千葉、青田、藤本
34	2	5月6日	中日	△2	後楽園		2了	○	7.2	4	杉浦
35	2	5月9日	国鉄	△1	富山神通		2了	○	5	4	
38	4	5月14日	阪神	△2	甲子園	御園生	先完	○	9	2	
40	2	5月17日	大洋		下関市営		2了	●	2.1	2	荒木茂
42	3	5月21日	中日		倉敷市営	杉下	先完	○	9	9	加藤進
44	2	5月24日	広島	△1	甲子園		2了		6	4	
47	3	5月28日	阪神	△2	甲子園	梶岡	先降	●	4.1	9	白坂2
49	2	5月31日	中日	△2	後楽園		3了	●	1.1	2	原田
50	2	6月3日	中日	△2	後楽園	宮下	先完	●	8.1	9	西沢
52	3	6月7日	巨人		岐阜県営		2了	△	0.2	0	
55	3	6月11日	中日	△1	甲子園	宮下	先完	○	9	11	西沢、杉浦、野口
56	4	6月16日	巨人	△2	後楽園	中尾	先封	○	9	2	
60	5	6月22日	巨人	△2	函館市民	中尾	先完	●	8	7	
62	3	6月26日	巨人	△2	札幌円山		2了		4.2	1	
64	1	6月28日	広島	△1	青森市営		2了	○	4.1	0	
66	2	7月1日	巨人	△2	県営宮城	中尾	先完	○	9	6	川上
69	7	7月9日	巨人	△2	甲子園	別所	先封	○	9	8	
70	1	7月11日	巨人	△2	後楽園		2了	○	4	1	
73	3	7月15日	中日	△1	後楽園	服部	先完	○	9	7	
75	2	7月18日	西日本	△2	後楽園	林	先完	○	9	8	平井
77	2	7月21日	西日本	△2	後楽園		3了	S	2.1	1	

試合	登間	月日	相手	ダブル	球場	対戦先投	登結果	勝敗	回	被安	被本選手
79	1	7月23日	阪神	△2	後楽園	御園生	先完	○	9	7	
81	3	7月27日	大洋		倉敷市営	高野	先降	●	4.1	14	藤井
82	2	7月30日	広島	△2	広島		2了	○	8.2	6	
84	4	8月4日	阪神	△2	甲子園	干場	先完	○	9	10	金田
86	3	8月8日	大洋	△2	上田市営		2了	S	0.2	0	
87	連投	8月9日	中日	△2	長野城山	杉下	先完	○	9	8	杉浦2
90	3	8月13日	中日	△2	中日		2了	○	7	7	
94	7	8月21日	巨人		浜松市営	別所	先完	●	8	8	千葉
96	1	8月23日	阪神	△2	後楽園	干場	先完	●	9	7	白坂
100	17	9月10日	広島	△2	広島総合	内藤	先完	○	9	3	
102	3	9月14日	広島	△1	後楽園	松川	先降	○	6	6	樋笠
103	4	9月19日	大洋	△2	後楽園		2了	○	6	5	
104	2	9月22日	中日	△2	後楽園	杉下	先完	●	8	6	原田
107	3	9月26日	阪神	△2	日生		2了	○	3.2	4	
109	3	9月30日	広島		中日		2降	○	5.2	4	
110	連投	10月1日	中日	△2	中日		2了	△	4.2	0	
111	1	10月3日	阪神	△1	大阪		2了		1.1	1	
112	2	10月6日	巨人	△2	大阪		2了	S	1	1	
113	連投	10月7日	中日	△1	大阪	杉下	先完	○	9	15	杉浦2、杉山悟
116	6	10月14日	阪神	△2	甲子園	干場	先完	●	9	11	渡辺
117	連投	10月15日	巨人	△2	甲子園		2了	○	0.2	1	
118	1	10月17日	西日本	△1	静岡草薙	重松	先降	○	6	9	田部
120	1	10月19日	中日	△2	中日		2了	○	7	4	
122	2	10月22日	広島	①	後楽園	内藤	先封	○	9	3	
125	2	10月25日	国鉄	△1	大阪	田原	先降	○	7	5	土屋、藤田
127	2	10月28日	広島	△1	甲子園	笠松	先完	●	9	11	樋笠、高木
129	3	11月1日	広島	△1	後楽園	笠松	先完	○	9	7	樋笠
134	8	11月10日	西日本	①	後楽園	林	先封	○	9	3	

ダブルの△の数字は1試合目か2試合目かの表示。

先封＝完封、先完＝完投、先降＝先発降板、2了＝救援2回完了、Sは現在でいうセーブ。

投球回数、被安打、被本塁打のみ合計の数字が合いますが、当時の成績の不確実性あり他の数字が合わない場合があります。

小鶴誠1950年の51本塁打

号数	通算	試合日	相手	球場名	ダブル	投	被本投手	備考	試合	勝敗	被本選手
1	65	3月12日	国鉄	下関市営	△1	R	田原基稔		3	○	
2	66	3月14日	大洋	八幡桃園		R	高野裕良		4	○	門前
3	67	3月22日	広島	後楽園	△1	R	長谷川良平		7	○	
4	68	3月25日	西日本	衣笠	△1	R	重松通雄		9	○	後藤、白坂
5	69	3月28日	国鉄	長野城山		L	高橋　輝		11	○	
6	70	3月30日	国鉄	岡谷		R	田原基稔		13	○	
7	71	4月16日	国鉄	鳴海	△1	R	成田啓二		22	○	
8	72	4月18日	大洋	後楽園	△1	L	片山　博		23	○	千葉、青田
9	73	4月23日	巨人	後楽園	△2	R	藤本英雄		26	○	
10	74	4月29日	阪神	甲子園	△2	R	梶岡忠義		30	○	
11	75	5月6日	中日	後楽園	△2	R	服部受弘		34	○	千葉、青田、藤本
12	76	5月11日	国鉄	福井市営	△1	R	村松昭次郎		36	○	杉浦
13	77	5月13日	国鉄	甲子園	△1	L	高橋　輝		37	○	
14	78	5月14日	阪神	甲子園	△2	R	御園生崇男		38	○	
15	79	5月17日	大洋	下関市営		L	岩本信一		40	●	荒木茂
16	80	5月18日	国鉄	厚狭		R	田原基稔		41	○	加藤進
17	81	5月23日	阪神	甲子園	△2	R	野崎泰一		43	○	
18	82	5月23日	阪神	甲子園	△2	R	御園生崇男		43		白坂2
19	83	5月25日	大洋	甲子園	△2	R	高野裕良		45	●	原田
20	84	5月26日	広島	甲子園	△1	R	森井　茂		46	○	西沢
21	85	5月26日	広島	甲子園	△1	R	森井　茂		46		
22	86	5月30日	巨人	後楽園	△2	R	別所毅彦	満塁	48	○	西沢、杉浦、野口
23	87	5月31日	中日	後楽園	△2	R	近藤貞雄		49	●	
24	88	6月8日	巨人	衣笠		L	中尾碩志		53	●	
25	89	6月26日	巨人	札幌円山	△2	R	別所毅彦		62	●	
26	90	6月27日	広島	札幌円山		R	森井　茂		63	○	
27	91	6月29日	西日本	青森市営	△1	L	下尾勝馬		65	○	川上
28	92	7月8日	広島	甲子園	△1	L	内藤幸三		68	●	
29	93	7月11日	巨人	後楽園	△2	L	中尾碩志		70	○	
30	94	7月22日	阪神	後楽園	△2	R	内山　清		78	○	

号数	通算	試合日	相手	球場名	ダブル	投	被本投手	備考	試合	勝敗	被本選手
31	95	7月26日	大洋	徳山毛利		R	林　直明		80	○	平井
32	96	8月13日	中日	中日	△2	R	宮下信明		90	○	
33	97	8月22日	大洋	後楽園	△1	R	林　直明		95	○	
34	98	8月27日	巨人	後楽園	△2	R	多田文久三		98	○	
35	99	9月10日	広島	広島総合	△2	L	内藤幸三		100	○	
36	100	9月10日	広島	広島総合	△2	R	中山正嘉	満塁	100		
37	101	9月14日	広島	後楽園	△1	R	石川清逸		102	○	
38	102	9月30日	広島	中日		R	森井　茂		109	○	
39	103	10月6日	巨人	大阪	△2	R	藤本英雄		112	○	
40	104	10月7日	中日	大阪	△1	L	久野勝美		113	○	
41	105	10月12日	阪神	大阪	△2	R	野崎泰一		115	○	
42	106	10月12日	阪神	大阪	△2	R	干場一夫		115		
43	107	10月15日	巨人	甲子園	△2	L	中尾碩志		117	○	
44	108	10月18日	西日本	磐田城山	△1	R	久喜　勲		119	○	
45	109	10月19日	中日	中日	△2	R	星田次郎		120	○	
46	110	10月21日	広島	沼田町		R	石川清逸		121	○	
47	111	10月24日	西日本	日生	△1	R	林　　茂		124	○	
48	112	10月25日	国鉄	大阪	△1	R	村松昭次郎		125	○	
49	113	10月26日	西日本	大阪	△2	R	野本喜一郎		126	○	
50	114	11月7日	大洋	日生	△2	R	今西錬太郎		132	○	
51	115	11月10日	西日本	後楽園	②	R	野本喜一郎		135	○	

小鶴が本塁打を打った試合の勝率は41勝6敗.872という高率。
巧打も走塁も一流の強打者は王と長嶋を足したような選手だった。
ダブルの△は違うカードのダブルヘッダー、丸数字は同じカードのダブルヘッダー。

1941（昭和16）年の朝日軍集合写真

第7章

ロビンス選手列伝

プロ野球草創期から戦後の復興期まで球場を駆けめぐった
個性派ぞろいの選手たちの記憶と記録。

坪内道則《つぼうちみちのり》

殿堂入りした俊足好守の名センター

外野手
1914－1997年
愛媛県出身
大東京～ライオン軍～朝日軍（1936－1944）～ゴールドスター～金星スターズ（1946－1948）～中日ドラゴンズ（1949-1951）

立教大学を中退後、1936（昭和11）年大東京軍に参加、秋からレギュラーとして1番もしくは3番を打った。センターの守備は定評があり、大東京時代の本拠地洲崎球場では、柔らかい足場を利用してのダイビングキャッチはファンの歓声を浴びた。足も速く1941（昭和16）年、1942（昭和17）年と盗塁王に輝く。戦前は大東京、ライオン、朝日と9年間チームの中核として活躍、1944年（昭和19）年は監督兼任としてチームを牽引した。

当時の選手としては珍しく一度も戦争に取られなかった。1946（昭和21）年ゴールドスターの監督兼任選手として復帰し、打率・316で打撃5位の活躍をした。翌年は連盟から「野球名人」として阪神若林忠志とともに選ばれる。

1949（昭和24）年中日ドラゴンズへ移籍、中日でも助監督兼任で活躍し、1951（昭和26）年監督兼任もその年引退。デビューから引退の年まで規定打席（打数）に達した選手でもあり、最後の試合でも1番センターの定位置だった。三振が少なく1946（昭和21）年はわずか6個。シーズン100試合出場選手の中では今もシーズン最少の記録もある一方、死球が多く１９４６年から引退する１９５１年まで６年連続死球王だった。

１９４８（昭和23）年9月12日の南海ホークス戦でプロ野球初の１０００試合出場を記録、同年9月28日急映フライヤーズ戦で史上初１０００本安打を記録した。また、１９４７（昭和22）年に25試合連続安打の記録を作り、当時は日本記録として騒がれた。後に野口二郎選手が31試合連続安打を記録していたのが判明し、幻の日本一に終わってしまったが、野球記録を注目させることのきっかけを作った。

引退後は中日、ロッテで指導者として活躍、最後は１９８６年まで中日の寮長も兼任。１９９２年に野球殿堂入りした。（雲）

坪内通則の通算成績

1992年野球殿堂入り

シーズン	所属	試合	打席	打数	得点	安打	二	三	本	打点	盗塁	犠打	四死	三振	打率
1936秋	大東京	28	117	103	13	27	1	0	0	4	13	2	12	13	.262
1937春	大東京	44	155	145	16	35	5	1	1	8	11	0	10	22	.241
1937秋	ライオン	49	217	199	24	47	6	2	1	23	6	2	16	17	.236
1938春	ライオン	35	162	137	21	35	3	1	1	13	6	1	24	10	.255
1938秋	ライオン	40	193	174	29	37	4	1	2	14	5	2	17	11	.213
1939	ライオン	96	440	395	50	89	10	2	1	27	11	9	36	21	.225
1940	ライオン	102	458	394	30	76	14	1	1	17	22	6	57	23	.193
1941	朝日	81	376	316	30	75	10	1	2	20	26	8	51	12	.237
1942	朝日	104	466	407	50	98	12	4	0	18	44	7	52	17	.241
1943	朝日	84	382	333	48	78	13	4	1	23	36	2	47	20	.234
1944	朝日	35	155	136	22	46	11	2	0	11	16	4	15	4	.338
1946	ゴールドスター	103	442	393	60	124	21	11	1	45	26	5	43	6	.316
1947	金星	119	510	457	44	124	17	5	2	43	21	1	52	21	.271
1948	金星	124	554	505	65	143	24	8	2	41	20	0	49	30	.283
1949	中日	137	641	597	83	177	31	4	10	59	16	2	42	32	.296
1950	中日	123	520	469	73	135	25	6	7	57	28	5	46	24	.288
1951	名古屋	113	515	454	83	126	28	5	2	39	37	6	55	16	.278
通算	15年	1417	6303	5614	741	1472	235	58	34	462	344	62	624	299	.262

鬼頭数雄《きとうかずお》

27歳の若さで戦死した、大東京の打てる盗塁王

外野手
1917－1944年
愛知県出身
大東京～ライオン（1936－1940）～南海（1941）

1936（昭和11）年から1940（昭和15）年まで大東京（ライオン）で活躍した。左投げだが、二塁手としてプロ通算24試合出場。高校時代は投手の経験もある。

中京商業時代からその打棒は知られており、入団当初から打撃に対する期待は高かった。1年目の1936年初夏は14試合、1936年秋は15試合の出場に留まったが、1937（昭和12）年春は、主に「1番・レフト」として56試合にフル出場を果たす。打率も当時としては高い・275を残しており、期待に違わぬ活躍を見せた。さらに1937年秋には49試合で打率・321。打撃ランキング2位となり、盗塁22で盗塁王を獲得した。

その後、1938（昭和13）年春と秋は打率2割台に終わり、盗塁も一ケタだったが、1939（昭和14）年は打率3割に復帰。盗塁も18と実力を発揮した。さらに翌1940（昭和15）年は打率・321で首位打者のタイトルを獲得。このシーズンで光るのは打率だけでなく、自慢の俊足が光る三塁打13という数字だろう。ちなみにこの年は、所属したライオンの勝率が・240であり、所属チームの勝率よりも打率が高い選手となった。

翌年は南海へと移籍したが、ここでは打率・199と急落。首位打者の翌年に打率1割台という不名誉な記録を樹立することになってしまった。また、打率1割台と首位打者、どちらも記録した選手は、他に岡村俊昭（南海）がいる。奇しくも岡村は1944（昭和19）年に、所属チームの勝率よりも打率が高い選手にもなっており、鬼頭との共通点が目立つ選手であった。

打率1割台となった翌年、鬼頭は応召され、戦地へと赴いた。そして1944年7月にマリアナ諸島沖で戦死。27歳の若さだった。

なお、ライオンには1940年途中に鬼頭数雄の弟である、政一も入団。戦後も西鉄と近鉄でプレーし、1976年から1977年には太平洋で監督を務めた。（栗栖）

鬼頭数雄の通算成績

シーズン	所属	試合	打席	打数	得点	安打	二	三	本	打点	盗塁	犠打	四死	三振	打率
1936春	大東京	14	67	60	7	13	4	0	0	5	3	0	7	4	.217
1936秋	大東京	15	51	44	3	9	0	0	0	2	2	0	7	2	.205
1937春	大東京	56	261	244	26	67	10	4	1	21	15	0	17	10	.275
1937秋	ライオン	49	220	187	34	60	8	4	2	22	22	0	33	7	.321
1938春	ライオン	24	103	96	11	21	2	1	2	11	2	1	6	7	.219
1938秋	ライオン	40	187	146	20	36	3	1	1	18	2	3	38	9	.247
1939	ライオン	94	402	365	32	111	15	6	2	48	18	2	32	12	.304
1940	ライオン	102	430	386	34	124	22	13	1	46	13	2	38	14	.321
1941	南海	60	252	231	14	46	6	2	0	17	3	1	20	12	.199
通算　6年		454	1973	1759	181	487	70	31	9	190	80	9	198	77	.277

林安夫《はやしやすお》

わずか2年のうちに輝ける記録を打ち立てた青年右腕

投手
1922年—戦没
愛知県出身
朝日軍（1942—1943）

プロ野球投手記録の中でも絶対破ることができないものがあると思われる中で、最右翼がシーズン投球回数だろう。その記録の持ち主が、プロ野球の世界に2年しか在籍できなかった林安夫投手である。1942年の投球回数は実に541・1回。今なら2年半分を20歳の青年が投げたのだ。

林は1941（昭和16）年の春の選抜甲子園で一宮中学の準優勝投手として大いに注目され、1942（昭和17）年朝日軍に入団。朝日軍監督竹内愛一に心酔し、竹内の指導のもと、初年度からチームのエースとして大車輪の活躍をする。竹内は試合の中で林を鍛える方針で、一球一球ベンチからサインを出して、投球術に磨きをかけた。その結果、春先を越えると、勝ち星も上がり夏には「独り歩きができるようになった」と竹内に言わせる活躍で、チームは創設初の5位、勝率もあと1勝で5割に届く成績を残した。

林はチーム勝利49勝（50敗）のうち6割5分の32勝をあげ（32勝22敗）、防御率はリーグ1位の1・01、先発51回（史上1位）。完投44、完封12と投高打低の時代でも特筆する成績を記録した。

翌1943（昭和18）年は前年の酷使がたたり登板数は減ったものの、それでも20勝11敗、294回を投げて防御率は0・89（リーグ2位）を記録。勝率も・532とチームの戦前最高勝率に大きく貢献した。

しかし、10月30日に先発3回を投げた試合を最後に召集し、二度とマウンドに上がることはなかった。1944（昭和19）年フィリピン方面に出征したものの、未だその消息は知れず、戦死したと思われる。

たった2年間のプロ野球生活であったが、その足跡は大きい。戦争という大きな波に揉まれ、その日、その日を野球に捧げる選手生活しかなかった青年。それは当時の野球人に共通した人生観だったかもしれないが、戦後、無事戻ってきたらどんな投球をしてくれたのかと思うと残念でならない。（雲）

林安夫の通算成績

シーズン	所属	登板	完投	完封	勝	敗	分	勝率	打数	投球回	安打	本塁打	犠打	四死	三振	自責	防御率
1942	朝日	71	44	12	32	22	4	.593	1915	541.1	351	6	26	138	145	61	1.01
1943	朝日	38	27	12	20	11	2	.645	1039	294	186	2	15	59	94	29	0.89
通算	2年	109	71	24	52	33	6	.612	2954	835.1	537	8	41	197	239	90	0.97

真田《さなだ》重蔵《じゅうぞう》（重男）

いまだ破られないセ・リーグ最多勝記録の持ち主

投手
1923－1994年
和歌山県出身
朝日軍～パシフィック（太平）～太陽ロビンス～大陽ロビンス～松竹ロビンス（1943・1946－1951）～大阪タイガース（1952－1956）

真田は海草中学で嶋清一の3年後輩で、卒業後1943（昭和18）年朝日軍に入団。戦後は太平で復帰。戦後すぐの1946（昭和21）年－1947（昭和22）年には、50登板20勝20敗400回以上の鉄腕ぶり。1943（昭和18）年から6シーズン連続10勝以上そして10敗以上も記録。同時期の超一流投手、藤本英雄や別所昭に比べて防御率でやや劣るのはさすがに投げ過ぎの影響だったのかもしれない。1950（昭和25）年には、いまだ破られぬセ・リーグ最多勝（2018年現在）の39勝をあげた。

打撃も光り、2リーグ分裂の前後に短期間存在した「代打の切り札はブルペンにいる」時代の代表的な選手でもある。もちろん規定打数未満だが、金山次郎の・311を上回る打率・314、2本塁打、36打点の打者だから、使いたくなる小西監督の気持ちもわかる。二刀流選手として考えると、2016年の日本ハムファイターズ大谷翔平の起用の考え方に近かったのが、1950（昭和25）年の真田だったのかもしれない。あの頃にDH制があったとしたら、どんな実績を残しただろうかと考えさせられる存在である。

１９５０年の39勝の時は94補殺、１９４８年25勝では96補殺といずれも投手補殺王、しかも2位に10以上の差をつけている。投手補殺は主にピッチャーゴロだから、「懸河のドロップ」が空振りをとるばかりではなく、いかに多くの当たり損ねのゴロを量産し、真田がいかに上手くさばいていたかがわかる記録である。

翻って、田村駒治郎の肝いりということや、多く揉め事の渦中にいたのが評価を下げているような面はあるが、野球選手として超一流であるのは間違いない。（牧）

真田重蔵（重男）の通算成績

1990年野球殿堂入り

シーズン	所属	登板	完投	完封	勝	敗	分	勝率	打数	投球回	安打	本塁打	犠打	四死	三振	自責	防御率
1943	朝日	37	24	7	13	13	3	.500	987	278	196	2	22	138	106	61	1.97
1946	パシフィック	63	43	4	25	26	2	.490	1758	464.2	422	4	23	214	200	163	3.15
1947	太陽	52	42	5	23	21	5	.523	1544	424	343	9	18	158	152	112	2.38
1948	大陽	58	34	9	25	19	3	.568	1452	392.2	317	10	16	104	172	97	2.22
1949	大陽	33	15	2	13	13	0	.500	766	191.1	201	21	3	57	87	88	4.13
1950	松竹	61	28	5	39	12	1	.765	1482	395.2	340	39	17	84	191	134	3.05
1951	松竹	24	1	1	7	6	0	.538	387	94.2	110	15	6	25	33	56	5.31
1952	阪神	38	14	4	16	9	0	.640	854	228	198	13	11	54	80	50	1.97
1953	阪神	22	7	1	8	6	0	.571	484	128.1	124	6	8	24	28	46	3.21
1954	阪神	21	2	0	7	2	0	.778	352	93.2	91	9	6	30	26	36	3.45
1955	阪神	7	1	1	2	1	0	.667	97	26	29	2	4	10	8	11	3.81
通算	11年	416	211	39	178	128	14	.582	10163	2717	2371	130	134	898	1083	854	2.83

小鶴誠《こづるまこと》

長打と俊足、ルックスでも魅せた「和製ディマジオ」

外野手
1922−2003年
福岡県出身
名古屋軍〜中部日本〜中部日本ドラゴンズ（1942−1943・1946−1947）〜映フライヤーズ（1948）〜大映スターズ（1949）〜松竹ロビンス（1950−1952）〜広島カープ（1953−1958）

八幡製鉄所から、日本大学に入学し「飯塚誠」の偽名で1942（昭和17）年名古屋軍に入団。1年目から活躍したが戦地へ。戦後、中部日本軍で復帰、リーグ3位の10本塁打を記録したが、球団を追われた赤嶺昌志について行き急映に移籍。そこで、新田恭一に出会い、腰の回転を使ったバッティングを取得することで青田昇、山本一人と三つ巴の首位打者争いをしたものの、・305で惜しくも2位に。しかし、1949（昭和24）年に大映に移籍すると・361で首位打者を獲得し、新田理論の表現者として「ゴルフ・スイング」が有名になった。

1950（昭和25）年松竹に移籍。水爆打線の中核として51本塁打161打点・355と鬼神のような活躍で松竹優勝の立役者となり、MVPにも輝く。28盗塁も記録し、長打と俊足を兼ね備えたスター選手になった。1950年の143得点、376塁打、161打点は今もプロ野球最高の数字として残っている。

外野手としては1950年に341刺殺でリーグ2位に輝き、守備範囲の広さも一流だった。しかし、椎間板ヘルニアを患い、翌年から成績が落ち始める。1953（昭和28）年に石本監督、広島市民の熱望により広島カープに移籍、自身の球歴で一番長く在籍した。

小鶴は巨人の川上哲治、阪神の藤村富美男に劣らない成績を残したものの、一般的知名度が若干劣るのは、移籍が多いためかもしれない。また、川上の言葉として有名な「ボールが止まって見える」というのは、元々、1950年に小鶴が語ったものを新聞記者が「小鶴では知名度が足りない」ことを理由に、川上の発言として記事にしてしまったものだった。端正なルックスから「和製ディマジオ」と呼ばれ、美しいフォームで戦後のプロ野球人気を牽引した。(雲)

小鶴誠の通算成績

1980年野球殿堂入り

シーズン	所属	試合	打席	打数	得点	安打	二	三	本	打点	盗塁	犠打	四死	三振	打率
1942	名古屋	102	417	370	35	80	9	9	2	29	8	1	46	49	.216
1943	名古屋	80	349	314	31	65	10	4	3	21	4	3	32	20	.207
1946	中部日本	96	427	374	54	102	21	7	10	63	6	1	52	40	.273
1947	中日	114	432	375	43	79	17	5	9	38	9	0	57	49	.211
1948	急映	113	483	429	57	131	14	7	16	65	27	1	53	66	.305
1949	大映	129	577	501	112	181	26	8	24	92	15	0	76	45	.361
1950	松竹	130	606	516	143	183	28	6	51	161	28	0	90	53	.355
1951	松竹	97	441	387	68	101	16	4	24	85	20	0	54	43	.261
1952	松竹	119	504	450	57	128	24	0	17	49	19	0	52	44	.284
1953	広島	130	557	488	80	138	32	2	14	74	33	0	69	57	.283
1954	広島	121	503	454	67	135	25	3	15	72	20	0	47	48	.297
1955	広島	130	549	494	62	141	17	7	18	67	26	5	46	68	.285
1956	広島	122	482	428	48	111	12	0	11	43	16	3	49	60	.259
1957	広島	107	422	387	31	99	12	0	8	38	7	1	29	70	.256
1958	広島	65	200	174	21	43	4	0	8	26	2	2	19	29	.247
通算	15年	1655	6949	6141	909	1717	267	62	230	923	240	17	771	741	.280

岩本義行《いわもとよしゆき》

神主打法で「水爆打線」を牽引したロビンスの4番

外野手
1912－2008年
広島県出身
南海軍（1938、1940－1942）～大陽ロビンス～松竹ロビンス（1949－1951）～大洋ホエールズ～大洋松竹ロビンス（1952－1953）～東映フライヤーズ（1956－1957）

別当薫とともに、NPB初のトリプルスリーの達成者である。1950（昭和25）年、セ・リーグを制した松竹ロビンスの4番バッターで小鶴誠とともに「水爆打線」を牽引した。バットを身体の中心で構える、いわゆる「神主打法」で有名。

長距離打者しかも俊足という小鶴誠とのコンビは他チームからすると恐怖の的となった。キャリアハイの1950年に39本塁打を記録する。この件については、「ラビットボールの時代だから」との評価もあるが、しかし、ボールが飛ばなくなった1951（昭和26）年、多くの選手が本塁打数を大幅に減らすなか、本塁打王の青田昇（32本）と1本差の31本塁打を記録。30本塁打以上を達成し、並々ならぬ力量を示した。この極端にボールが飛ばなくなった時代の長距離打者としては充分評価に値する成績だろう。

また、死球の多い選手で、1952（昭和27）年の24死球は2007年ラロッカ（オリックス）が更新するまで日本記録であった。戦前の1941（昭和16）、1942（昭和17）年の両年も死球王を獲得（？）している。このことについて岩本義行本人は、「死球が多いのは自分がヘタなだけだ」と語っている。

強肩でも有名で補殺も多いが、1951年13補殺で補殺王の渡辺博之（20補殺6併殺）を上回る8併殺を記録。外野手の併殺は「犠飛を狙った走者を送球で刺す」のが中心だから相手としてはたまった物ではなかった。

1938年ホークス入団とともに兵役にとられ、1943（昭和18）－1948（昭和23）年はプロに在籍せず、1954（昭和29）年、1955（昭和30）年もプロのキャリアが中断している。

45歳5か月で最年長本塁打を打つ力を残していながら、実働としては10年で終わっているのは残念至極である。1942（昭和17）年は戦前唯一の1試合3本塁打を記録した。（牧）

岩本義行の通算成績　**1981年野球殿堂入り**

シーズン	所属	試合	打席	打数	得点	安打	二	三	本	打点	盗塁	犠打	四死	三振	打率
1940	南海	45	191	165	20	37	9	1	0	10	9	3	23	25	.224
1941	南海	84	377	340	34	68	14	0	7	30	17	0	36	30	.200
1942	南海	104	439	358	51	98	17	3	7	46	37	5	76	18	.274
1949	大陽	52	221	196	30	48	12	0	8	34	5	0	25	22	.245
1950	松竹	130	599	552	121	176	23	3	39	127	34	0	47	48	.319
1951	松竹	110	496	422	100	148	24	0	31	87	10	0	74	43	.351
1952	大洋	120	522	454	82	130	24	3	16	81	16	0	68	41	.286
1953	洋松	110	455	411	47	110	17	1	9	49	8	1	43	40	.268
1956	東映	86	230	204	14	42	1	0	5	21	4	2	24	21	.206
1957	東映	15	23	19	3	2	0	0	1	2	0	0	4	7	.105
通算	10年	856	3553	3121	502	859	141	11	123	487	140	10	420	295	.275

菊《きく》矢《や》吉《よし》男《お》

1915−1990年
大阪府出身

速球で知られた右腕。八尾中学時代からスピードの速さは有名だったが、同時に制球難も知られていた。1936（昭和11）年、阪神に入団したが、1936年春は登板なし。秋シーズンにようやく6試合登板（先発3試合）したが、20回で与四球16と前評判通りの投球だった。

1937（昭和12）年春に大東京に移籍すると、主力投手として活躍。しかし、1937年秋は204回を投げて、リーグトップとなる123四球を与えて、7暴投を記録した。

1939（昭和14）年はチーム96試合中55試合（先発39試合）に登板したが、亀田忠（イーグルス）とともにリーグトップの14暴投を記録。これは1990（平成2）年に村田兆治が抜くまで、シーズン最多記録だった。その後、3年間の兵役を経て復帰後の1944（昭和19）年は5試合の登板に留まった。

戦後はゴールドスターに移籍。一塁手として52試合に出場するも同年限りで現役を引退。その後、富田林高校の監督に就任した。（栗栖）

菊矢吉男の通算成績

シーズン	チーム	登板	勝	敗	分	投球回	四死	三振	失点	自責	防御
1936秋	タイガース	6	1	0	0	20	17	10	6	4	1.80
1937春	タイガース	4	0	0	0	12.2	9	7	7	6	4.26
1937春	大東京	12	6	2	1	81.1	41	42	29	17	1.88
1937秋	ライオン	29	13	10	0	204	128	97	86	53	2.34
1938春	ライオン	26	7	18	0	167.1	125	80	117	78	4.18
1938秋	ライオン	25	9	9	1	177.1	119	109	74	49	2.48
1939	ライオン	55	16	21	2	335	213	151	169	110	2.96
1940	ライオン	47	8	27	1	286	161	112	133	88	2.77
1941	朝日	1	0	0	0	5.2	10	2	2	1	1.50
1944	朝日	5	0	4	0	27	35	3	19	17	5.67
通算	7年	210	60	91	5	1316.1	858	613	642	423	2.89

内《ない》藤《とう》幸《こう》三《ぞう》

1916−2002年
三重県出身

戦前から戦後を生き抜いた左腕。高校卒業後は軟式野球クラブ「東京リーガル倶楽部」でエースとして活躍しチームを連覇に導いた。

大会後の1936（昭和11）年にコントロールの良さを買われて名古屋金鯱に入団。1936年秋に139三振を奪う活躍。ただ、リーグ最多となる与四球103を記録しており、前評判ほどコントロールは良くなかったようだ。

その後、2年間の兵役を経たあと2シーズンプレーし、1941（昭和16）年に朝日軍に移籍。4年間で24勝を挙げた。

特筆すべきは1944（昭和19）年で、シーズン35試合のうち、29試合に登板。チーム総守備イニング309回のうち222・1回を投げ抜いた。さらに、一塁手としても出場し、打撃でも32試合、打率・174、0本塁打、4打点を記録している。

戦後はゴールドスターでプレー。その後も阪急、広島と移籍を繰り返し、1951（昭和26）年に引退後は審判に転身。長く野球界に関わり続けた。（栗栖）

内藤幸三の通算成績

シーズン	チーム	登板	勝	敗	分	投球回	四死	三振	失点	自責	防御
1936春	金鯱	7	1	1	0	29.2	24	20	18	12	3.60
1936秋	金鯱	24	6	8	0	133.2	111	139	88	54	3.63
1939	金鯱	9	0	1	0	32.1	32	14	23	16	4.36
1940	金鯱	41	4	10	1	182	166	96	95	75	3.71
1941	朝日	6	0	1	0	10.2	17	6	10	10	8.18
1942	朝日	24	5	10	2	153.1	115	86	36	26	1.52
1943	朝日	29	8	12	2	199.2	106	97	66	50	2.25
1944	朝日	29	11	11	1	222.1	137	109	78	52	2.10
1946	ゴールドスター	57	19	25	2	416	166	192	175	134	2.90
1947	金星	38	12	14	2	254.2	103	96	103	81	2.86
1948	金星	21	7	11	0	160.2	38	30	62	48	2.68
1949	阪急	37	7	14	1	189.1	36	65	117	102	4.83
1950	広島	41	11	19	1	216.1	83	78	166	133	5.52
1951	広島	5	1	4	0	20	12	3	17	14	6.30
通算	13年	368	92	141	12	2220.2	1146	1031	1054	807	3.27

福《ふく》士《し》勇《いさむ》

1919年―戦没
青森県出身

青森商業から青森林友を経て、1938（昭和13）年ライオン軍に入団。

当初は捕手として登録されたが、当時ライオン軍には投手が4人しかいなく、1939（昭和14）年から投手に転向し、2番手投手としていきなり12勝19敗完封3、294回を投げ活躍、1940（昭和15）年は先発、リリーフにと投げぬいた。1941（昭和16）年はチームのエースとしてカーブ、シュートの変化球を駆使、17勝28敗と史上2位の敗戦数ながら、投球回数396・2回、完投31はリーグ1位を記録した。この年の東西対抗戦では西軍の投手として選抜された。1943（昭和18）年応召され、フィリピンのルソン島で戦死したと言われているが没年月日は不明のままだ。

チームでは背番号18は捕手の背番号だったが、福士のあと入れ替わりに、真田重蔵が背負い、ロビンスの大エースの背番号として引き継がれていった。東京ドームの鎮魂の碑に福士勇の名が刻まれている。（雲）

福士勇の通算成績

シーズン	チーム	登板	勝	敗	分	投球回	四死	三振	失点	自責	防御
1939	ライオン	52	12	19	3	294	143	79	121	92	2.82
1940	ライオン	50	7	21	2	237.1	119	92	107	74	2.80
1941	朝日	57	17	28	1	396.2	242	116	121	83	1.88
1942	朝日	24	9	9	0	172.2	93	47	53	36	1.87
通算	4年	183	45	77	6	1100.2	597	334	402	285	2.33

江田貢一《えだこういち》

投手／1923−1978年
兵庫県出身

旧制伊丹中学校から、1941（昭和16）年阪急に入団。1943（昭和18）年応召され、戦後1946（昭和21）年ゴールドスターに入団し、9勝16敗と準エースとして活躍した。

1947（昭和22）年は11勝23敗ながら、チーム最多の先発32と287・2回を投げた。1948（昭和23）年大陽ロビンスに移籍し、1950（昭和25）年は23勝8敗、防御率2・83とキャリアハイの活躍をし、優勝に大きく貢献。打撃でも5本塁打22打点と水爆打線の名に恥じない強打振りを見せた。

1952（昭和27）年に大洋に移籍。1957（昭和32）年に引退するまで2回10勝以上の活躍をした。弱小球団に在籍したために通算勝敗数97勝147敗と負け越し数50はNPBワースト3位の記録である。その後、近鉄、西鉄でコーチを歴任、クラウンライター・ライオンズのコーチ在任中の1978（昭和52）年2月11日、キャンプ中に脳梗塞で亡くなった。（雲）

江田貢一の通算成績

シーズン	チーム	登板	勝	敗	分	投球回	四死	三振	失点	自責	防御
1941	阪急	9	3	3	0	47.2	38	8	13	10	1.88
1942	阪急	1	0	0	0	4	1	1	5	4	9.00
1943	阪急	13	4	5	0	70	33	13	22	16	2.06
1946	ゴールドスター	35	9	16	0	236.1	120	45	155	117	4.44
1947	金星	45	11	23	1	287.2	112	60	125	86	2.69
1948	大陽	7	0	3	0	37	18	6	44	38	9.24
1949	大陽	38	9	16	0	229.2	67	48	154	123	4.81
1950	松竹	44	23	8	0	288.1	79	66	112	91	2.83
1951	松竹	28	4	8	1	151.2	41	29	76	57	3.38
1952	大洋	31	10	11	0	186.2	45	31	105	86	4.14
1953	洋松	32	7	15	1	159.1	34	33	80	72	4.05
1954	洋松	31	5	17	0	164	56	32	79	62	3.40
1955	大洋	31	10	14	0	220.1	57	47	89	73	2.97
1956	大洋	21	2	7	0	75.1	12	27	37	30	3.55
1957	大洋	4	0	1	0	7	1	1	5	4	5.14
通算	15年	370	97	147	3	2165	714	447	1101	869	3.61

伊勢川真澄《いせがわますみ》

捕手／1921－1996年
和歌山県出身

粉河中学から1940（昭和15）年にライオン軍に入団。翌1941（昭和16）年には捕手としてフル出場した。守備の要としてだけでなく、打撃面でも期待され、朝日軍では4番を打つ活躍をした。

戦後、パシフィックで復帰し5、6番の打順を任される。「打てる捕手」としてロビンスを牽引すると思われたが、藤本定義監督解任とともに、1948（昭和23）年に金星スターズに移籍。そのスターズでも守備の要として活躍した。1950（昭和25）年には自己最高の13本塁打と打率・296の活躍で、リーグ打率10位を記録した。1953（昭和28）年に阪急ブレーブスに移籍。ここでも規定打数に入る活躍をし、息の長い現役生活を過ごした。戦前1試合のみ一塁手で出場し、あとは全て捕手として活躍した。

引退後は阪急でコーチを務め、1968（昭和43）年まで在籍した。（雲）

伊勢川真澄の通算成績

シーズン	所属	試合	打数	安	本	点	盗	犠	四死	三振	打率
1940	ライオン	57	142	20	0	1	0	3	7	16	.141
1941	朝日	85	314	58	1	28	1	5	33	43	.185
1942	朝日	78	294	48	1	16	3	9	15	19	.163
1946	パシフィック	103	374	86	2	51	2	4	29	30	.230
1947	太陽	118	451	116	3	35	8	3	19	32	.257
1948	金星	93	283	65	2	35	1	1	15	16	.230
1949	大映	131	457	114	3	59	5	4	22	41	.249
1950	大映	99	341	101	13	57	4	5	21	18	.296
1951	大映	59	203	53	0	26	4	2	6	21	.261
1952	大映	110	400	100	7	52	14	7	23	25	.250
1953	阪急	118	360	82	2	39	2	5	23	46	.228
1954	阪急	73	189	39	0	15	0	5	17	16	.206
1955	阪急	53	121	29	2	17	0	6	10	19	.240
1956	阪急	46	46	8	1	14	0	3	2	9	.174
1957	阪急	6	10	0	0	0	0	0	0	2	.000
通算	15年	1229	3985	919	37	445	44	62	242	353	.231

荒《あら》川《かわ》昇《しょう》治《じ》

捕手・内野手／1924－1997年
滋賀県出身

元々はいわゆる「野球のエリート」ではなく、甲子園の夢を追いかけていた無名選手だったが、1947（昭和22）年太陽ロビンスに入団。藤本監督に起用されると、初年度から118試合に出場する。しかし器用だったことで、捕手ではなく二塁手としての出場がほとんどだった。1948年（昭和23）に正捕手の伊勢川が退団し、1950年（昭和25）に正捕手となった。無骨揃いの松竹の中で、柔軟な思考を持つ選手だった。打撃もよく、水爆打線の中では7、8番を定位置に。上位打線の恐怖も束の間、意外性のある打撃と右打ちで相手投手を困らせた。守備面も真田、江田、大島の投手陣と呼吸のあったリードは、当時のセ・リーグ最高峰の呼び声も高い。また、捕手でありながら盗塁は1950（昭和25）年25個、1952（昭和27）年は32個を記録した。

最後は毎日オリオンズでプレーし、1955（昭和30）年引退。31歳という若さでの引退が惜しまれる選手である。（雲）

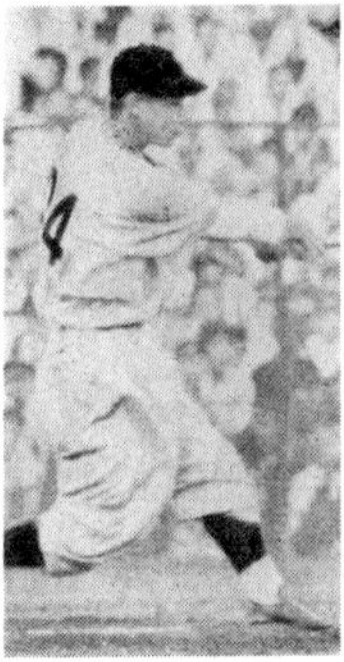

荒川昇治の通算成績

シーズン	所属	試合	打数	安	本	点	盗	犠	四死	三振	打率
1947	太陽	118	411	94	1	26	9	3	64	43	.229
1948	大陽	97	252	66	1	23	19	4	42	11	.262
1949	大陽	106	325	79	2	37	5	2	28	22	.243
1950	松竹	132	473	127	3	51	25	0	79	35	.268
1951	松竹	103	392	108	5	42	15	11	55	31	.276
1952	大洋	109	370	89	1	36	32	5	62	25	.241
1953	洋松	76	176	46	1	20	12	3	26	17	.261
1954	洋松	72	160	36	0	6	5	6	16	22	.225
1955	毎日	28	21	2	0	0	0	1	3	3	.095
通算	9年	1229	3985	919	37	445	44	62	242	353	.231

金山次郎《かなやまじろう》

野手／内　1922－1984年
福岡県出身

俊足堅守の二塁手として活躍、ロビンスのセ・リーグ制覇の1950（昭和25）年には74盗塁を記録した。これは、1983（昭和58）年に松本匡史（巨人）によって破られるまでセ・リーグ記録だった。同年、木塚忠助が78盗塁を記録したため、惜しくも日本記録とはならなかったが、木塚とともに当時の日本を代表する快足選手であった。実働14年のうち、一桁盗塁に終わったのはわずかに2年（1943年、49年）。最晩年の1957（昭和32）年でも23盗塁を記録している。引退後は解説者として活躍、1975（昭和50）年カープ初優勝時の解説はファンの間で語り草になっているという。

人情家として有名で監督・選手からの信頼も厚かった。藤本定義は自分の著作で大映スターズ監督時代に、指揮を時々金山にまかせたという記述があるくらい、リーダーシップもあった。

その成績から、木塚忠助とともに野球殿堂に入っていないのが不思議な選手の一人といえよう。（牧）

金山次郎の通算成績

シーズン	所属	試合	打数	安	本	点	盗	犠	四死	三振	打率
1943	名古屋	67	231	44	0	13	4	13	13	28	.190
1944	産業	35	131	32	3	11	10	1	17	9	.244
1946	中部日本	82	270	76	2	14	18	10	27	31	.281
1947	中日	118	448	109	2	29	34	10	39	37	.243
1948	急映	119	468	110	2	22	35	7	27	35	.235
1949	大映	49	100	21	0	5	3	3	4	8	.210
1950	松竹	137	594	185	7	67	74	7	45	61	.311
1951	松竹	109	473	127	4	36	42	11	38	39	.268
1952	松竹	117	483	115	3	22	63	2	25	43	.238
1953	広島	117	462	109	5	27	58	5	54	47	.236
1954	広島	104	405	91	7	31	33	10	35	47	.225
1955	広島	119	494	119	8	29	41	9	23	45	.241
1956	広島	108	402	82	0	15	18	7	22	47	.204
1957	広島	85	304	61	2	17	23	11	25	48	.201
通算	14年	1366	5265	1281	45	338	456	106	394	525	.243

大岡虎雄《おおおかとらお》

内野手／1912―1975年
福岡県出身

社会人時代は八幡製鉄で「八幡の虎」と呼ばれた強打者。プロにスカウトを受けたこともあったようだが、戦前にはプロ入りせず、1949（昭和24）年、37歳で大映スターズに入団。普通なら引退を考える年齢だったが、助監督兼内野手として入団すると、現在でも残る歴代新人選手1位の111打点を記録した。

1949（昭和24）年スターズ・1950（昭和25）年ロビンスとも、大岡の前を打つのが伝説の強打者小鶴誠であったこともあり、2年で60本塁打220打点を上げている。

1951（昭和26）年シーズン途中退団。実働3年、実質的には2年間でこれほどの輝きを見せた選手は数少ない。

1931（昭和6）年日米野球で、通算197勝のラリー・フレンチ投手から2本塁打を放ち、気勢を上げた。（牧）

大岡虎雄の通算成績

シーズン	所属	試合	打数	安	本	点	盗	犠	四死	三振	打率
1949	大映	121	470	128	26	111	3	0	49	84	.272
1950	松竹	135	552	155	34	109	6	0	55	78	.281
1951	松竹	19	66	16	1	10	0	0	9	14	.242
通算	3年	275	1088	299	61	230	9	0	113	176	.275

小林《こばやし》章良《あきよし》

捕手・内野手／1923－2002年
兵庫県出身

滝川中学から鐘紡高砂を経て、１９４３（昭和18）年朝日軍に入団。

朝日軍には真田重蔵とともに大きな期待を背負って入団した。当時、巨人軍の藤本定義監督も小林の獲得を狙っていたが失敗したために仕方なく青田昇を入団させたという発言も残っている。

戦前は捕手として79試合に出場。戦後の１９４６（昭和21）年に退団するが、１９５０（昭和25）年松竹に復帰入団。

１９５１年から一塁手としてレギュラーの座を獲得すると、１９５２（昭和27）年には長打はないものの松竹ロビンス最後の４番打者として活躍した。

その後１９５３（昭和28）年に大洋と合併した大洋松竹でもプレー。大洋松竹時代は２番から５番まで、柔軟な打撃を披露した。１９５８（昭和33）年には１０００試合出場を達成して引退した。（雲）

小林章良の通算成績

シーズン	所属	試合	打数	安	本	点	盗	犠	四死	三振	打率
1943	朝日	79	276	56	1	25	6	5	30	29	.203
1946	パシフィック	7	12	0	0	0	0	0	1	5	.000
1950	松竹	2	2	1	0	2	0	0	0	0	.500
1951	松竹	95	314	94	5	48	0	6	17	29	.299
1952	松竹	119	453	105	5	33	7	6	31	49	.232
1953	洋松	126	488	117	3	38	9	2	37	45	.240
1954	洋松	122	422	107	2	21	4	11	33	40	.254
1955	大洋	117	336	74	4	21	3	2	24	28	.220
1956	大洋	115	250	53	4	17	1	1	16	32	.212
1957	大洋	126	370	98	3	21	2	7	22	29	.265
1958	大洋	101	151	37	1	14	1	1	12	18	.245
通算	11年	1009	3074	742	28	240	33	41	223	304	.241

三《み》村《むら》勲《いさお》

内野手／1924－2010年
福岡県出身

八幡製鉄所から、1946（昭和21）年中部日本に入団。赤嶺昌志の下、赤嶺軍団の一人として行動した。

1948（昭和23）年、急映フライヤーズに移籍すると新田恭一と出会い、小鶴誠とともにゴルフスイング打法を伝授される。腰を使った打ち方で成績は向上。1949（昭和24）年はキャリハイの・297の打率を残し、それまでの3年間で2だった本塁打も13本と飛躍した。

1950（昭和25）年、松竹に移籍。当初は遊撃手の下位打線を予想されていたが、2番三塁手として松竹「水爆打線」の名脇役を担い、優勝に貢献した。2番打者でありながら、当時の選手としては珍しく犠打が少なく、1950年は犠打0の記録を残している。また、三振も多く3年連続で三振王に名を残した。その後、松竹新田恭一監督時代は4番～6番を打った。

1953（昭和28）年小鶴、金山とともに広島カープに移籍。1955（昭和30）年に引退した。（雲）

三村勲の通算成績

シーズン	所属	試合	打数	安	本	点	盗	犠	四死	三振	打率
1946	中部日本	81	255	65	0	26	6	2	26	37	.255
1947	中日	117	345	66	2	16	7	7	28	32	.191
1948	急映	96	287	56	0	16	9	8	28	44	.195
1949	大映	118	454	135	13	44	11	1	52	54	.297
1950	松竹	126	505	134	16	72	13	0	80	79	.265
1951	松竹	109	389	89	13	57	1	4	59	73	.229
1952	松竹	106	378	82	4	33	2	1	34	69	.217
1953	広島	88	223	57	11	36	3	6	28	41	.256
1954	広島	46	129	20	1	5	0	6	21	21	.155
1955	広島	14	43	8	1	1	0	0	5	14	.186
通算	10年	901	3008	712	61	306	52	35	361	464	.237

木村勉《きむらつとむ》

外野手／１９２１年～
和歌山県出身

１９３９（昭和14）年に南海軍に投手として入団するも芽が出ず、その後捕手、外野手とコンバートされていった。

１９４８年（昭和23）年に大陽ロビンスに移籍。１９５０（昭和25）年には、主に左翼の吉田和生と併用され、１、６番打者として活躍した。クリーンアップには小鶴・岩本・大岡の１００打点トリオがすわり、左翼には俊足で打率がいい木村と本塁打が打てる吉田和生が入れ替わりにでてくるロビンスは、相手にとって頭が痛かっただろう。

１９５４（昭和29）年に近鉄パールスに移籍すると同年、16補殺を記録。23補殺の日下隆との強肩コンビを作った。（牧）

木村勉の通算成績

シーズン	所属	試合	打数	安	本	点	盗	犠	四死	三振	打率
1939	南海	3	2	0	0	0	0	0	0	0	.000
1940	南海	69	215	46	0	19	5	7	14	8	.214
1941	南海	75	263	54	0	20	6	4	29	11	.205
1946	グレートリング	51	170	45	0	24	11	1	16	9	.265
1948	大陽	56	140	38	0	16	4	2	6	8	.271
1949	大陽	117	484	132	0	33	11	6	26	20	.273
1950	松竹	102	360	105	3	37	14	2	30	10	.292
1951	松竹	73	243	72	0	23	9	10	22	10	.296
1952	大洋	100	397	98	3	31	14	2	45	19	.247
1953	広島	70	233	48	0	17	8	7	10	11	.206
1954	近鉄	126	464	132	2	39	38	14	45	29	.284
1955	近鉄	121	430	117	0	23	17	17	31	17	.272
1956	近鉄	135	470	135	1	22	22	12	44	26	.287
1957	近鉄	98	320	92	0	27	12	3	28	19	.288
1958	近鉄	23	42	4	0	1	0	1	5	5	.095
通算	15年	1219	4233	1118	9	332	171	88	351	202	.264

大島信雄《おおしまのぶお》

投手／1921―2005年
愛知県出身

慶應義塾大学を卒業後、滋賀の大塚産業に入社。都市対抗で活躍し、1950（昭和25）年松竹ロビンスに入団。セ・リーグの初代防御率1位と勝率1位に輝き、新人王を獲得。29歳での新人王は最年長記録として現在も残っている。第1回日本シリーズ（日本ワールドシリーズ）では初戦の先発を担った。

松竹ロビンスでの2年間は、いずれも防御率2点台、1950（昭和25）年には、リーグ防御率4・12の半分以下の2・03で2位の藤本英雄2・44に0・41の差をつけ圧倒した。また、打撃もよく、投手でありながら2年連続で打点10以上も記録した。

左腕からの速球とカーブが光り、特筆すべきは死球が少ない点。1950（昭和25）年はわずか1個、暴投・ボークは0と、プロ入り1年目とは思えない落ち着きのあるピッチングをした。

1952（昭和27）年に名古屋ドラゴンズに移籍すると、球団初の日本一を経験。1955（昭和30）年に引退後はコーチや解説者も務めた。（雲）

大島信雄の通算成績

シーズン	チーム	登板	勝	敗	分	投球回	四死	三振	失点	自責	防御
1950	松竹	34	20	4	1	225.1	76	70	70	51	2.03
1951	松竹	36	15	13	2	216.2	58	61	95	66	2.74
1952	名古屋	35	12	11	1	194.2	64	57	78	61	2.82
1953	名古屋	37	12	9	1	159.1	46	48	78	68	3.83
1954	中日	18	5	3	1	83.1	23	35	32	25	2.68
1955	中日	2	0	1	0	5	3	2	7	6	10.80

水谷則一《みずたにのりかず》

外野手／1910－1984年
愛知県出身

1927（昭和2）年、愛知商業のエースとして夏の甲子園に出場。ベスト4の活躍後、慶應義塾大学に進学すると水原茂と共にプレー。満州鉄道倶楽部を経て、1936（昭和11）年大東京軍に参加した。大東京軍の中では慶應出身のエリート外野手として活躍。坪内、鬼頭と共に中核を打った。

小西得郎が監督に就任し、チームナンバー2として、小西の補佐的な役割も果たしたと言われている。ロイド眼鏡の愛くるしいルックスからか「マメちゃん」の愛称で呼ばれていた。

1940（昭和15）年退団後、國民リーグにも参加したのち、1950（昭和25）年助監督として松竹ロビンスに入団。1試合だけ出場している。この時も小西得郎監督の補佐として個性的な選手たちをまとめ、セ・リーグ優勝に大きく貢献した。

1936（昭和11）年、日本プロ野球初の公式戦で3番打者として、史上初の左打席に立った選手としても知られている。（雲）

水谷則一の通算成績

シーズン	所属	試合	打数	安	本	点	盗	犠	四死	三振	打率
1936春	大東京	14	59	15	0	7	2	1	7	5	.254
1936秋	大東京	27	96	25	0	12	4	1	18	10	.260
1937春	大東京	56	201	53	0	21	19	3	42	24	.264
1937秋	ライオン	49	165	43	2	24	11	2	47	15	.261
1938春	ライオン	34	115	24	1	11	2	3	21	13	.209
1938秋	ライオン	38	142	35	0	19	6	2	31	12	.246
1939	ライオン	96	359	97	2	39	21	6	69	20	.270
1940	ライオン	10	30	5	0	2	0	0	11	3	.167
1950	松竹	1	1	0	0	0	0	0	0	0	.000
通算	6年	325	1168	297	5	135	65	18	246	102	.254

宮《みや》崎《ざき》仁《じ》郎《ろう》

遊撃手／1920－2001年
長野県出身

長野商業では1番打者として三塁と遊撃を守り、甲子園に二回出場。1937（昭和12）年、中京商業に大敗した試合では、野口二郎投手から唯一安打を打っている。

その後、明治大学に進学するとレギュラーの壁が厚かったために試合出場の機会が減少。戦後の1946（昭和21）年にグレートリングに入団したが、失策も多く実力を発揮できずに1年で退団。

その後、國民リーグ、ノンプロを経て1949（昭和24）年ロビンスに入団。1950（昭和25）年には遊撃手として135試合に出場。チームの優勝に貢献する。

軽快でありながらも若干確実性に乏しく失策が50と多かったものの、二塁手金山とのコンビネーションはリーグでも高く評価された。堅実な人柄で、主に8番打者として水爆打線のバイプレーヤーとして、チームを支えた。

1954（昭和29）年広島に移籍。同年、引退した。（雲）

宮崎仁郎の通算成績

シーズン	所属	試合	打数	安	本	点	盗	犠	四死	三振	打率
1946	グレートリング	103	316	72	2	20	12	7	30	22	.228
1949	大陽	60	139	33	1	16	2	1	5	14	.237
1950	松竹	135	479	131	3	58	17	9	47	43	.273
1951	松竹	97	347	94	7	36	6	8	17	23	.271
1952	松竹	111	433	105	4	31	9	9	17	32	.242
1953	洋松	64	190	44	0	11	5	2	12	15	.232
1954	広島	31	60	9	0	1	1	1	3	8	.150
通算	6年	601	1964	488	17	173	52	37	131	157	.248

大きなローマ字で書かれたロゴのユニフォームを着用したロビンスの象徴的な存在、小西得郎監督。

第8章

ロビンス監督列伝

個性では選手に負けない、
歴代監督たちの戦いの記憶と記録。

永井武雄《ながいたけお》

1904－1938年
兵庫県出身

就任直後に解任された大東京の監督

神戸市立第一神港商業から慶應義塾大学、全大阪や東京倶楽部を経て、大東京創立と共に選手兼任監督に就任した。大学時代は投手、外野手として活躍したが、1936（昭和11）年の練習試合では一塁手としてプレーした。

慶應義塾大学時代の人気は高く、早慶戦復活の試合で4番を打ち、宮武三郎、山下実登場前の中心選手として人気を博した。『野球界』1927（昭和2）年6月号には、早稲田大学の投手だった藤本定義が、永井に捧げる文章を書いており、サイドスロー気味の個性的な投球フォームから繰り出すシュートやチェンジアップの投球術を絶賛している。

大東京軍としては永井を監督に据えた理由の一つに、慶應義塾大学出身の野球人、宮武三郎、山下実等の名選手を入団させるためにと思われる。しかし、永井はその予算を接待で使ってしまう。その上、4月5日に行われた東京瓦斯との試合で大敗したことが球団代表の鈴木龍二の逆鱗に触れ、開幕を待たずに解任された。その後1938（昭和13）年に応召され、中国にて戦死。35歳の若さだった。

後に鈴木は、開幕を待たずして解任したことを後悔している旨の文章を『鈴木龍二回顧録』に書いている。（栗栖＋雲）

永井武雄の監督成績

成績なし

伊藤勝三《いとうかつぞう》

大東京創立の1936（昭和11）年に兼任監督になった捕手

1907–1982年 秋田県出身

アマチュア時代は、秋田中学と慶應義塾大学、東京倶楽部でプレー。野球のエリートコースを走った。

1936（昭和11）年に大東京に入団したが、4月5日の試合後に永井武雄監督が解任となり、後を任されることに。

しかし、29歳と高齢での入団であり、当時の読売新聞には「既に肩がボロボロ。監督に専念すべき」と、選手としての能力が疑問視されていた。

シーズンが開幕してみると、打撃は打率・308と良かったが、不安が的中。10月24日のタイガースとの試合では筒井良武の後を継いで捕手として出場したが、13盗塁と走られ続けた。この試合では大東京も5盗塁を記録しており、1試合合計盗塁数18の、現在でも破られていない日本記録が作られている。

監督としても同年は2勝25敗3分、勝率・074と惨憺たる成績で、シーズン終了時に解任され、現役も引退した。大学時代は宮武三郎らと活躍を見せ、花形選手だっただけに、なんとも寂しい終わり方だった。（栗栖）

伊藤勝三の監督成績

シーズン	チーム	試合	勝	敗	引	勝率
1936春	大東京	14	0	13	1	.000
1936秋	大東京	16	2	12	2	.143
通算	1年	30	2	25	3	.074

小西得郎《こにしとくろう》

傍流の球団で最大の指導力を発揮できた監督

松竹ロビンスを語る上で、田村駒治郎と並ぶ重要な人物が小西得郎だ。ロビンスの歴史で唯一の優勝監督でもあるが、むしろそれ以外の功績が大きい。

小西が他の監督と比べて最も違うのは、社会生活の中での経験が彼の野球人生に大きな影響を与えていることである。巨人や阪神ではない野党的、傍流の球団でないと小西の魅力や力は発揮できない。若い時に阿片の密売、置屋の経営など現在では裏社会人としか見られない経歴を持ち、戦後も闇市の親分を警察からかくまっただけで、物資不足の時代に困ることがなくなる。全てが彼の江戸気質の性格とゆるさが人を引きつける、人誑《たら》し的な人物だ。戦前、戦後の魑魅魍魎《ちみもうりょう》のうごめく世界、西部劇のような無法地帯でその実力を発揮する正統派ではない、傍流の英雄的人物であった。

小西得郎の監督成績　1971年野球殿堂入り

シーズン	チーム	試合	勝	敗	引	勝率	順位
1936秋	大東京	12	3	9	0	.250	
1937春	大東京	56	21	31	4	.404	6位
1937秋	ライオン	49	19	29	1	.396	6位
1938春	ライオン	35	9	26	0	.257	8位
1939	名古屋	64	28	34	2	.452	6位
1940	名古屋	104	58	41	5	.586	5位
1941	名古屋	28	13	15	0	.464	5位
1950	松竹	137	98	35	4	.737	1位
1952	大洋	120	58	62	0	.483	4位
1953	洋松	130	52	77	1	.403	5位
通算	9年	735	359	359	17	.500	

1896－1977年
東京都出身
監督歴：大東京軍～ライオン軍（1936－1938）～名古屋軍（1939－1940）～松竹ロビンス（1950）～大洋ホエールズ～洋松ロビンス（1952－1953）

松竹ロビンスに見えるカラーは田村駒治郎のワンマンと小西の遊び人的要素が流れている。1950（昭和25）年に真田、大岡、岩本、小鶴など、個性豊かな選手をまとめられたのも、裏社会の人間と対等に付き合い、歌舞伎界、花柳界との親交があった経験によるかもしれない。社会では未熟な少しばかり尖った野球人を仕切るのは難しくなかったのだろう。小西は戦術を考えるより、人事だけでプロ野球の現場に立った唯一の存在だ。

監督を辞めてからの日本の解説者第一号となったのも、野球人のような技術論、戦術論を語るのではなく、いかに人々を楽しませようか？　ということを考える芸人思考があったからだろう。

そして、戦後すぐに新橋駅近くに「仙台製作所」なる会社を経営し、闇物質が手に入る場所に戦前の職業野球関係者が小西のもとに集まり、戦後のプロ野球を復興の準備を始めた事実だけで小西得郎は野球殿堂入りの価値がある。成績は最下位も優勝も経験したが、それだけで測れない存在なのだ。（雲）

竹内愛一《たけうちよしかず》

投手育成に力を注ぎ、見せる野球を作った豪傑監督

竹内は1921（大正10）年甲子園の準優勝投手で、京都一商卒業後早稲田大学に進学。1924（大正13）年には、大橋松雄（元大東京軍役員）と二人で早稲田、稲門倶楽部で全勝無敗を記録、1925（大正14）年の復活した早慶戦で先発し、完封勝利した名投手であった。

1941（昭和16）年に朝日軍監督に就任。初年度は8位だったが4位、3位と順位をあげた手腕は評価されている。また、投手育成に関しては福士勇、林安夫、内藤幸三、真田重蔵とエースを作り上げていった。特に林安夫は竹内自ら、一宮中学へ遠征の合間に交渉をして朝日軍に入団。1942（昭和17）年林安夫の大車輪の活躍は球史に残るものとなった。

朝日軍に就任した直後は、選手たちの意識革命をするため真冬に上半身裸で鍛錬をするなど、精神野球をベースにチーム作りをした。その半面、小西得郎同様「見せる野球」の監督として、表情豊かなベンチワー

竹内愛一の監督成績

シーズン	チーム	試合	勝	敗	引	勝率	順位
1941	朝日	85	25	59	1	.298	8位
1942	朝日	105	49	50	6	.495	4位
1943	朝日	84	41	36	7	.532	3位
1946	中部日本	36	13	21	2	.382	7位
通算	4年	310	128	166	16	.435	

1903－1972年
京都府出身
監督歴：朝日軍（1941－1943）～中部日本（1946）～東京カップス（1946）～熊谷ゴールデン・カイツ（1947）

クを見せ、勝利した際には観客に手を降って挨拶するなど、監督が先頭になってプロ野球人の意識を持って動いていた。

一方、当時の主将坪内道則は、竹内が監督就任した1941年2月に、選手合宿に初めて来た時、羽織、白足袋姿の商家のダンナ風の出で立ちで「酒屋で一升買ってこい」と若手選手に酒を買いに行かせたほどの大酒飲みだったことに驚いたという。シーズン中の夜中に合宿所で謡曲を口ずさんで、寝ている選手を起こして寝不足になったことなど、野球センスは評価して

いるものの、竹内監督が更迭された後に朝日軍が「第三回日本野球優勝大会」で初優勝したことで、チーム内の輪が良くなったような書き方で竹内の変人ぶりを著書で回想している。戦後の1946（昭和21）年、中部日本軍の監督に就任するも、飲酒トラブルで更迭され、新球団加盟を目指していた東京カップスでも同じように更迭された。その後は野球評論家として執筆活動に励んだ。（雲）

藤本定義《ふじもとさだよし》

巨人・阪神の監督としても手腕を見せたスター監督

藤本定義は松山商業から早稲田大学へ進学、大橋松雄の退部を受け、早慶戦復活の第二戦投手として勝利し、東京六大学野球のスターとなった。

卒業後は東京鉄道管理局の監督に就任。１９３５（昭和10）年にアメリカ遠征後の巨人軍と戦い2勝をあげた。その監督としての手腕を期待され巨人軍監督となり、三原脩を助監督にして、アメリカ帰りという高慢な選手たちを群馬県の茂林寺で鍛え直し、戦前の巨人軍第一期黄金時代を作った。しかし、戦局が激しくなり不安を覚えた藤本は巨人軍を退

1904−1981年
愛媛県出身
監督歴：東京巨人軍（1936−1942）〜パシフィック−太陽ロビンス（1946−1947）〜金星スターズ−大映スターズ（1948−1956）〜阪急ブレーブス（1957−1959）〜大阪タイガース〜阪神タイガース（1960−1968）

藤本定義の監督成績　1974年野球殿堂入り

シーズン	チーム	試合	勝	敗	引	勝率	順位
1936春夏	巨人	7	2	5	0	.286	
1936秋	巨人	27	18	9	0	.667	1位
1937春	巨人	56	41	13	2	.759	1位
1937秋	巨人	48	30	18	0	.625	2位
1938春	巨人	35	24	11	0	.686	2位
1938秋	巨人	40	30	9	1	.769	1位
1939	巨人	96	66	26	4	.717	1位
1940	巨人	104	76	28	0	.731	1位
1941	巨人	86	62	22	2	.738	1位
1942	巨人	105	73	27	5	.730	1位
1946	パシフィック	105	42	60	3	.412	7位
1947	太陽	119	50	64	5	.439	7位
1948	金星	140	60	73	7	.451	7位
1949	大映	134	67	65	2	.508	3位
1950	大映	120	62	54	4	.534	3位
1951	大映	101	41	52	8	.441	4位
1952	大映	121	55	65	1	.458	4位
1953	大映	120	63	53	4	.543	3位
1954	大映	140	43	92	5	.319	8位
1955	大映	141	53	87	1	.379	6位
1956	大映	47	14	32	1	.304	7位
1957	阪急	132	71	55	6	.563	4位
1958	阪急	130	73	51	6	.589	3位
1959	阪急	84	27	55	2	.329	5位
1961	阪神	91	47	43	1	.522	4位
1962	阪神	133	75	55	3	.577	1位
1963	阪神	140	69	70	1	.496	3位
1964	阪神	140	80	56	4	.588	1位
1965	阪神	140	71	66	3	.518	3位
1966	阪神	49	30	16	3	.652	3位
1967	阪神	136	70	60	6	.538	3位
1968	阪神	133	72	58	3	.554	2位
通算	29年	3200	1657	1450	93	.533	

団。

その後、田村駒治郎が早稲田出身の選手が好きだったことと、将来、朝日軍の監督にする構想もあり秘書として田村駒に入社。藤本は田村駒治郎と以前から親交があり、田村邸（一楽荘）に川上哲治と一緒に訪問している写真が残っている。

若い選手の才能を見る眼と人材を育てる包容力があったと言われている。小西監督のように自由な指揮というより、白石敏男（勝巳）、川上哲治、千葉茂などの名選手たちをすぐ使う勇気や藤本を慕って球団を移籍したスタルヒンや伊勢川などを見てもその手腕を感じることができる。

また、藤本自身が投手出身ということもあるだろうが、投手をとても大事にしており、怪我を避けるために、投手の頭上に上がった飛球は、捕手、内野手に捕らせた。早稲田出身の野球人としては珍しく、バントをあまり用いないことでも有名だった。

最後の阪神監督時代は投手のローテーションを作り、守った監督でもあり、どんなに大事な試合になっても、急な登板はさせなかったと言われている。戦後は選手会初代会長として、不安定な経営から来る給与の遅配、プロ野球選手のステータスを高める活動を行い、賭け屋などが絡む八百長行為を廃絶するために力を注いだ。（雲）

高田勝生《たかだかつお》

1904年〜没年不明
京都府出身

明石中学の監督在任中、伝説の「中京商対明石中延長25回」の試合時の監督。

明石中での実績を持って、1938（昭和13）年秋のシーズンから小西の後任としてライオン軍の監督となった。その年は19勝20敗で5位まで上がり期待されたが、中等野球と職業野球では勝手が違うのか、思ったような成績も挙げられず、年々成績は下がり1940（昭和15）年は9位に落ち込んだ。

ましてや個性的なライオン軍の選手たちとの扱いは、前任の小西のようなある意味隙のある監督が向いていたのかもしれない。野球人としての実績は今も色あせることはないが、プロの指導者としては厳しかった。野球評論家の竹中半平は著書『背番号への愛着』の中で「高田には凡庸な印象しかない」とだけ書いている。（雲）

高田勝生の監督成績

シーズン	チーム	試合	勝	敗	引	勝率	順位
1938秋	ライオン	40	19	20	1	.487	5位
1939	ライオン	96	33	58	5	.363	8位
1940	ライオン	104	24	76	4	.240	9位
1943	南海	48	17	30	1	.362	8位
通算	4年	288	93	184	11	.336	

坪内道則《つぼうちみちのり》

1914－1997年
愛媛県出身

坪内道則は大東京軍から朝日軍では地味ながら、主将としてチームを引っ張り、1944（昭和19）年朝日軍の外野手兼任監督となった。しかし、戦後は球団が不安定な経営や戦時中に受けた恩義のため朝日軍のマネージャー橋本三郎とゴールドスターを結成し、鈴木龍二のひと押しもあり、プロ野球復活の8球団目に滑り込んだ。

戦時中の苦労も含めて、阪神の若林と「野球名人」として表彰された。その後、西沢道夫に誘われて中日に移籍。助監督や監督を務め、1954（昭和29）年初優勝の基盤を作った。

キャンプで自作の打撃練習機を作った。それが各球団に広まり、今のティーバッティングの始まりになったと言われている。晩年まで中日の指導者として活躍した。（雲）

坪内道則の監督成績

1992年野球殿堂入り

シーズン	チーム	試合	勝	敗	引	勝率	順位
1944	朝日	35	12	22	1	.353	5位
1946	ゴールドスター	105	43	60	2	.417	6位
1947	金星	119	41	74	4	.357	8位
1952	名古屋	120	75	43	2	.636	3位
1953	名古屋	130	70	57	3	.551	3位
通算　5年		509	241	256	12	.485	

長谷川信義《はせがわのぶよし》

1904―1989年
京都府出身

「私は本当に運の強い男。これも三塁から投手に転向させてくれた長谷川信義さんのおかげ。左膝の開くのを直すのにプレートの左前方に良く研いだクワを埋めてピッチング練習をやらされました」

真田重蔵は野球殿堂授与式で、こう挨拶した。

長谷川は1936（昭和11）年、和歌山県の海草中学の監督に就任し、名投手嶋清一を見出した。前述の真田も育てたことや夏の甲子園連覇の実績等を買われ、1948（昭和23）年、大陽ロビンスの監督に就任した。

しかし、戦後一リーグ時代では最高の成績を残したものの、1年で退任。個性派揃いのロビンスの選手を一つにまとめるのは至難の業だったかもしれない。

（雲）

長谷川信義の監督成績

シーズン	チーム	試合	勝	敗	引	勝率	順位
1948	大陽	140	61	74	5	.452	6位
通算	1年	140	61	74	5	.452	

石《いし》本《もと》秀《しゅう》一《いち》

1897－1982年
広島県出身

広島商業で投手として中等野球全国大会に出場。その後、低迷している広島商業の監督となり、日本刀の刃渡りなどの特訓で再び優勝させたことで、名監督として全国に名を轟かせた。

新聞記者として活躍後、1936（昭和11）年に大阪タイガース二代目監督に就任。

猛練習でタイガースを巨人と並ぶ強豪チームに育て上げ、のちの阪神タイガースの基礎を作り上げた。

戦後1946（昭和21）年、国民リーグのグリーンバーグ球団の監督になるものの、チームは1年で解散。選手8名とともに金星スターズに移籍後、1949（昭和24）年、大陽ロビンス監督に就任。しかし、ロビンスでは石本の実績が合わなかったのか、投手、打撃とも振るわず8球団中最下位になり、自身も退団。

その後、1950（昭和25）年広島カープ初代監督に就任し、解散の危機を乗り越え、発展させた功績は計り知れない。（雲）

石本秀一の監督成績　1972年野球殿堂入り

シーズン	チーム	試合	勝	敗	引	勝率	順位
1936秋	タイガース	31	24	6	1	.800	
1937春	タイガース	56	41	14	1	.745	2位
1937秋	タイガース	49	39	9	1	.813	1位
1938春	タイガース	35	29	6	0	.829	1位
1938秋	タイガース	40	27	13	0	.675	2位
1939	タイガース	96	63	30	3	.677	2位
1940	金鯱	104	34	63	7	.351	7位
1942	大洋	105	60	39	6	.606	2位
1943	西鉄	84	39	37	8	.513	5位
1949	大陽	133	52	81	0	.391	8位
1950	広島	138	41	96	1	.299	8位
1951	広島	99	32	64	3	.333	7位
1952	広島	120	37	80	3	.316	6位
1953	広島	25	10	15	0	.400	5位
通算	12年	1115	528	553	34	.488	

新田恭一《にったきょういち》

1898－1986年
広島県出身

慶應義塾大学時代は球界の麒麟児と称され、万能選手として大正時代の野球界で圧巻した。また、主将時代から選手育成に力を注ぎ、永井武雄、浜崎真二を投手として育てた。大阪毎日新聞の倶楽部大毎野球団では日本唯一のスピットボーラーとしても活躍。ゴルフでも名選手としても知られ、そのゴルフ理論から生まれた「新田理論」は戦後の球界に旋風を起こした。

その指導を受けた小鶴誠が大打者になったが、小鶴が腰を痛めたことと、川上哲治のレベル・スイングが広まったことで、急速に指導者としての地位は下がっていった。

1951（昭和26）年、小西退団後、松竹監督に就任。しかし、1952（昭和27）年最下位に落ち込み、大洋ホエールズとの合併を余儀なくされ、監督としての実力は発揮できなかった。その後も指導者として球界に残ったが、新田理論を理解できる人物が当時の球界に少なかったのが惜しまれる。いまだ、新田の科学的理論は浮かばれていない。（雲）

新田恭一の監督成績

シーズン	チーム	試合	勝	敗	引	勝率	順位
1951	松竹	115	53	57	5	.482	4位
1952	松竹	120	34	84	2	.288	7位
通算	2年	235	87	141	7	.382	

COLUMN

もう一つの朝日軍

ロビンスにならなかった「ゴールドスター（金星）」たち

1944（昭和19）年、戦争が激化していく中、朝日軍は野球をし続けていた。その中には坪内道則外野手の他に、内藤幸三投手、菊矢吉雄投手もいた。

オーナーの田村駒治郎はそんな中、会社生き残りのため奔走している間、軍事工場を運営との名目で奈良県御所《ごせ》町に疎開し野球を続けていた。そのまとめ役が田村駒治郎の天王寺商業時代の後輩マネージャーの橋本三郎だった。駒治郎は戦時中に各球団の選手たちが散り散りになるのを見て、朝日軍の選手たちを比較的安全な場所で生活してもらおうと、御所の工場の一員として選手たちを置いたのだった。

戦後、職業野球が復活するというニュースが流れ、橋本を含めオーナーの集合の声を聞きたかったが、なかなか返事が来なかった。橋本は朝日軍として連盟に加盟を申し出ると、坪内を始め残った選手たちは苦しい時代のリーダー橋本について行った。田村駒治郎は橋本たちの独立宣言に烈火のごとく怒ったが、彼らに同情的な野球関係者があり、その上、藤本定義も同情したため、最後は連盟に加盟することができ「ゴールドスター」という球団名で1946（昭和21）年から活動することとなった。

田村駒治郎の個性が鈴木龍二や藤本定義等と主流派には少々厳しく受け取られた結果かもしれな

い。坪内は自叙伝の中で「戦前の朝日軍は給料の遅れ、監督がすぐ変わる不安定など」がゴールドスター結成のいきさつの一つとして語っているが、田村駒の経済力より落ちると思われる、橋本三郎個人が経営する球団が有利とは思えない。そこには、どうしても田村駒治郎の感情的衝突があったのではないかと思われる。

ゴールドスターも1947（昭和22）年に金星スターズとなり、ロビンスを飛び出した藤本定義が監督に就任。そこに大映の永田雅一が球団経営に参画することとなり、結成時の球団のカラーとは全く違うものとなっていった。坪内は中日に移籍し、内藤も阪急に移籍。結局、金星スターズは大映スターズとなり反主流派の球団の一つとして、歴史の中に消えていくのだった。

この球団の歴史、選手の物語はまたの機会に譲る。

投手一覧

1946年					
投手	登板	勝利	敗戦	投球回	防御率
内藤	57	19	25	416	2.90
石田	36	12	16	222.1	3.76
江田	35	9	16	236.1	4.46
清原	4	2	2	35	2.57
1947年					
投手	登板	勝利	敗戦	投球回	防御率
内藤	38	12	14	254.2	2.86
江田	45	11	23	287.2	2.69
重松	40	11	19	274	2.99
三富	34	7	16	205.2	3.24
1948年					
投手	登板	勝利	敗戦	投球回	防御率
スタルヒン	37	17	13	298.1	2.17
池田	33	11	13	229.1	2.75
林	15	9	1	102.2	2.10
内藤	21	7	11	160.2	2.69
河村	17	7	7	103	3.06

打順

1946年							
守備	打者	試合	打数	安打	本塁打	打点	打率
(三)	中村	62	200	41	0	15	.205
(遊)	酒沢	103	397	85	1	18	.214
(中)	坪内	103	393	124	1	45	.316
(一)	菊矢	53	190	37	3	21	.195
(右)	末崎	64	207	58	1	14	.280
(二)	大友	102	356	78	1	19	.219
(捕)	辻	99	338	56	0	22	.166
(左)	坂本	96	291	72	0	14	.247
1947年							
守備	打者	試合	打数	安打	本塁打	打点	打率
(右)	玉腰	40	155	43	2	12	.277
(遊)	酒沢	115	448	92	0	25	.205
(中)	坪内	119	457	124	2	43	.271
(一)	西沢	118	457	121	8	57	.265
(三)	清原	119	436	101	2	34	.232
(左)	小前	119	448	100	2	31	.223
(二)	大友	115	406	84	4	23	.207
(捕)	辻	115	338	52	0	21	.154
1948年							
守備	打者	試合	打数	安打	本塁打	打点	打率
(中)	坪内	124	505	143	2	41	.283
(二)	酒沢	108	369	77	1	17	.209
(一)	西沢	130	508	132	16	60	.260
(三)	清原	135	507	122	2	47	.241
(右)	玉腰	124	446	125	7	55	.280
(捕)	伊勢川	93	283	65	2	35	.230
(遊)	武智	124	443	95	1	30	.214
(左)	下社	137	446	91	2	32	.204

シーズン別投手最高成績

年度	勝利		防御率		勝率		奪三振		登板	
1946	内藤	19	内藤	2.90	内藤	.432	内藤	192	内藤	57
1947	内藤	12	江田	2.69	内藤	.462	内藤	96	江田	45
1948	スタルヒン	17	スタルヒン	2.17	スタルヒン	.567	スタルヒン	138	スタルヒン	37

シーズン別打撃最高成績

年度	打率		安打		本塁打		打点		盗塁	
1946	坪内	.316	坪内	124	菊矢	3	坪内	45	坪内	26
1947	坪内	.271	坪内	124	西沢	8	西沢	57	坪内	21
1948	坪内	.283	坪内	143	西沢	16	西沢	60	坪内	20

チーム成績

チーム名	年度	順位		試合	勝利	敗戦	引分	勝率	差	監督	得点	失点	安打	二塁打	三塁打	本塁打	塁打	打点	盗塁	四球
ゴールドスター	1946	※	6	105	43	60	2	.417	22	坪内道則	311	484	795	93	35	8	982	269	82	303
金星	1947	*	8	119	41	74	4	.357	37.5	坪内道則	341	476	866	103	32	22	1099	290	86	303
金星	1948		7	140	60	73	7	.451	25.5	藤本定義	444	485	1077	157	47	43	1457	397	95	387
				364	144	207	13	.410			1096	1445	2738	353	114	73	3538	956	263	993

死球	三振	打率	完投	完封	被安打	被本	与四球	与死球	奪三振	自責点	防御率
19	249	.231	75	10	920	30	435	8	356	364	3.54
19	310	.220	74	18	968	27	437	19	272	353	2.98
18	346	.229	95	14	1127	56	392	22	432	397	2.84
56	905	.226	244	42	3015	113	1264	49	1060	1114	3.08

（注）*最下位、※没収試合（1946年1勝）を含む。

松竹ロビンス二軍の歴史

形態を変え続けた、波乱の5年間

松竹ロビンスに歴史あり、その二軍にもまた、歴史あり。他球団よりも早く二軍を編成した松竹は、阪急との合同二軍という形で始まり、のち正式に編成、社会人野球への参入など、短い期間に紆余曲折を経てロビンス解散とともに散った。『二軍史』の著者が、松竹ロビンスの二軍の歴史を年ごとに追う。

松井 正

日本プロ野球で各球団に二軍が普及していくのは1950年代以降のことだが、松竹ロビンスの二軍の歴史は長く、前身の大陽ロビンス時代の48年まで遡る。

この原稿では、48年から田村駒治郎がオーナーを務めた52年までのロビンス二軍史に焦点を当てる。

1948年——阪急との合同二軍

戦後間もない時代のプロ野球は、一球団あたり25名前後の編成が主流だったが、大陽は30名を超える数の選手を抱えていた。

この年、阪急ブレーブスが新たな試みとして、「純粋に野球をやりたい」と希望する中学生前後の少年を無条件に集めて、彼らに野球の基礎を一から教えるとともに、自軍の中でも出場機会の少ない選手たちを居残り組として西宮球場に集め、西村正夫が特訓を課した。これが日本プロ野球における選手育成を目的としたファーム制度の始まりだった。

30名を超える大所帯だった大陽は阪急のファーム制度の考え方に賛同し、「自分たちの選手を一緒に預かってほしい」とお願いをした。しかし阪急からは、当然「よその球団の選手の面倒まで見ることはできない」と断られている。

ほぼ同時期、国民リーグの解散に端を発して多くの選手を抱えることになった金星スターズが、余剰選手を中心に日本プロ野球では初の二軍を結成した。しかし金星二軍は対戦相手がいないことに困っており、ファーム制度を導入していた阪急に「二軍を作ってウチと対戦しないか？」と打診をした。阪急はファーム制度を導入したとは言っても少年が中心で、本格的な二軍を編成するほどの人員が整っていなかった。そこで、選手を預かってほしいとお願いをされたが一度は断った大陽と手を組む形で、お互いの選手を出し合って合同の二軍を結成することが決まったのだった。

大陽・阪急の合同二軍は、7月下旬から金星二軍と帯同して北関東、北陸巡業を実施し、11月14日には京都の衣笠球場で大陽、阪急の単独による二軍戦が行われている。

1949年――正式に二軍編成

前年に合同で二軍を作った大陽と阪急の両球団は、この年から正式に二軍を編成した。二軍結成にあたって選手を一から集め、本格的にプロ野球選手の育成に乗り出した阪急とは対照的に、元々選手数の多かった大陽は、余った選手たちを二軍と位置付けただけにすぎず、試合の都度、一軍の選手も送りこんでおり阪急とは全く主旨が異なる二軍だった。

両球団は4月にさっそく九州遠征を実施するが、外野手が不足していた大陽は、二軍監督の水谷則一も自ら試合に出場した。38歳の水谷が試合に出場していることからも、大陽の二軍は育成に主眼を置いたものではなかったということが窺える。

また、本遠征には前年に阪神との二重契約問題で世間を騒がせた北本重二が、この問題が解決していないにもかかわらず、大陽二軍の一員として参加している。

地方で行われる二軍戦は球団経営に恩恵をもたらした。二軍戦をすることで球団が受け取れる報酬は平日が5万円、土曜日が6万円、日曜日が7万円で、これを両球団で折半する形である。移動にかかる交通費や宿泊費の諸経費を差し引いても黒字収支で、二軍戦のチケット代金は50円から100円前後だったが、九州を巡業した際は1試合平均約5000名の観客を集めており、興行的には大成功だった。現代の二軍は収益を出すのは厳しいが、この頃の二軍戦は主催者側にとっても球団側にとっても黒字のWin-Winの関係が成立していた。この後、讀賣巨人軍、南海ホークスが相次いで二軍を編成している。

1950年――リーグ分裂、二軍も縮小に

49年シーズンオフの12月、野球界への参入を目指していた映画会社の松竹がロビンスのスポンサーになることが決まった。これに伴い球団名は大陽ロビンス改め松竹ロビンスと変わった。

50年シーズンからプロ野球界はセ・リーグとパ・リーグの2リーグ制となるが、喧嘩別れに近い形で2リーグ制となったため、二軍も両リーグ間の交流がなくなる断絶状態となる。セ・リーグに加盟した松竹の二軍は、同じセ・リーグに属する巨人の二軍、この年に結成されたばかりの阪神の二軍と主に行動を共にした。

3月から7月までの間の松竹二軍は、巨人二軍・阪神二軍と帯同遠征に出ることが多かったが、7月下旬から大洋二軍と帯同して、山陰の萩、北九州、下関、宇部を遠征している。

1951年――二軍を〝社会人野球〟に

2リーグに分立した50年、松竹はセ・リーグ優勝を果たしたが、その一方で球団経営は決して順調とは言えなかった。二軍を抱えることで選手数が増え、多少の赤字が出ることは覚悟していたが、そんな悠長なことを言っている余裕もないくらいに厳しい経営状況だったのだ。

この状況を打破するために、オーナーの田村駒治郎が考えついたウルトラCが、二軍を社会人

野球に転向させることだった。二軍選手を田村駒株式会社の会社員とし、田村駒からは野球部を立ち上げ、仕事の傍ら社会人野球に参戦させることを企てた。こうして二軍監督の川村義之と二軍選手12名は田村駒に入社した。社会人野球に参戦した実質的な松竹二軍の田村駒は、都市対抗野球の大阪府の予選に出場する。同じく二軍を解散させて社会人野球に参戦していた実質的な南海二軍の南海土建に敗れるが、その後、田村駒を破った南海土建は大阪地区予選大会を勝ち抜いて全国大会に出場。そして南海土建が全国大会で準優勝したことで、社会人野球協会から実質的なプロ野球球団の二軍が社会人野球に参戦していることに対して反感を買い、結果、翌年からは社会人野球の規約が改正され、二度と実質的なプロ野球球団の二軍が社会人野球に参戦することはできなくなった。

1952年——心機一転

社会人野球からの締め出しを食らったため、田村駒の野球部は解散し、松竹は二軍を再結成した。ただし新たに入団した新人選手たちで二軍を編成しており、田村駒から二軍に戻る選手は誰もいなかった。

この年から二軍戦は主に一軍戦の前座で行われたが、当時の新聞から松竹の二軍戦は30試合あったことが判明している。松竹の二軍再結成後初試合は3月4日の阪急戦（西宮）だった。

1952年3月4日　西宮球場

松竹二軍	００１	０００	０１０	＝２
阪急二軍	０００	０００	０００	＝０

松竹打線は3回、無死満塁から一軍での実績もある平野謙二の併殺打の間に先制。投げては新人・澄田邦夫（大社高出身）が阪急打線を2安打に抑える好投で完封勝ちした。なお、日本プロ野球史上最多の8球団に所属し、「ジプシー後藤」とも呼ばれる後藤修がこの年から松竹ロビンスでプロ野球選手としてのキャリアをスタートさせるが、この試合に一塁手として途中出場している（1打数0安打）。

松竹は二軍再結成後の初戦を勝利で飾り幸先の良いスタートを切ったが、翌5日から5月28日の間に10連敗、7月6日から8月26日の間に引分一つを挟んで11連敗を喫するなど、年間を通して3勝24敗3引分、勝率・１１１と惨憺たる成績だった。

惨憺たる成績だったのは二軍だけではない。二軍ほどひどくはないが、一軍も34勝84敗2引分、勝率・２８８で最下位に終わっている。シーズン前に勝率が・３００を下回った球団は処罰されるという申し合わせがあったが、これに沿い松竹は翌53年1月に大洋ホエールズとの合併で大洋松竹ロビンスと変わり、田村駒治郎もオーナー職を離れた。

補　章

松竹ロビンス　記録の部屋1936-1952

各年度球団成績表は98〜99ページへ

シーズン順位変遷（1937〜1952年）

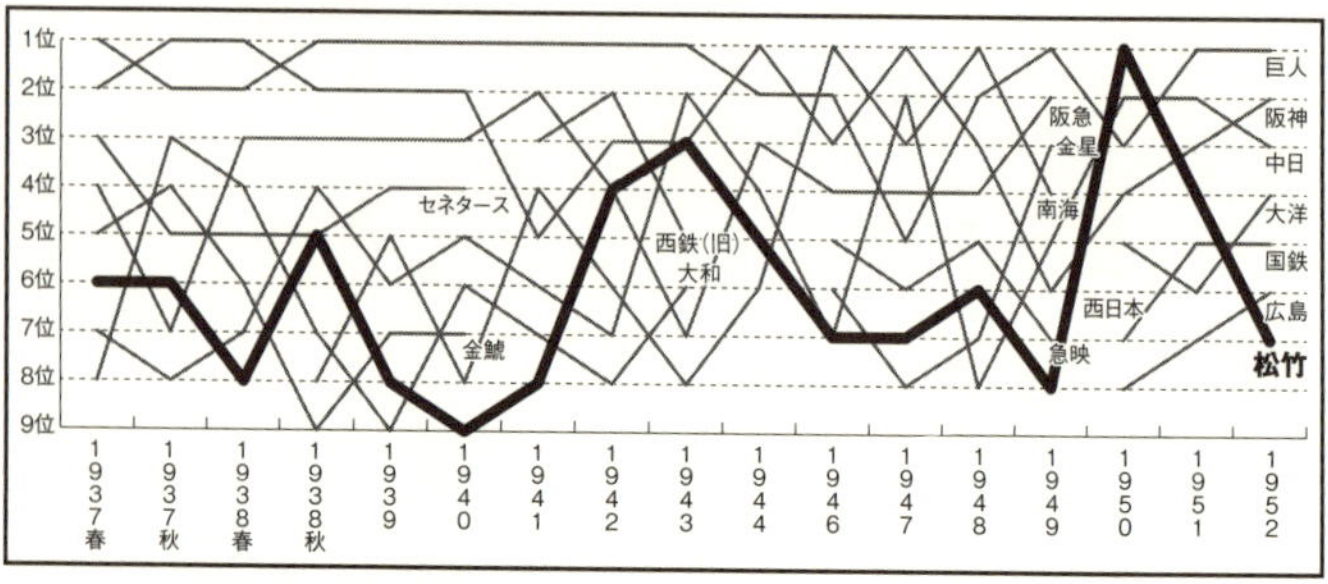

チーム打率順位変遷（1937〜1952年）

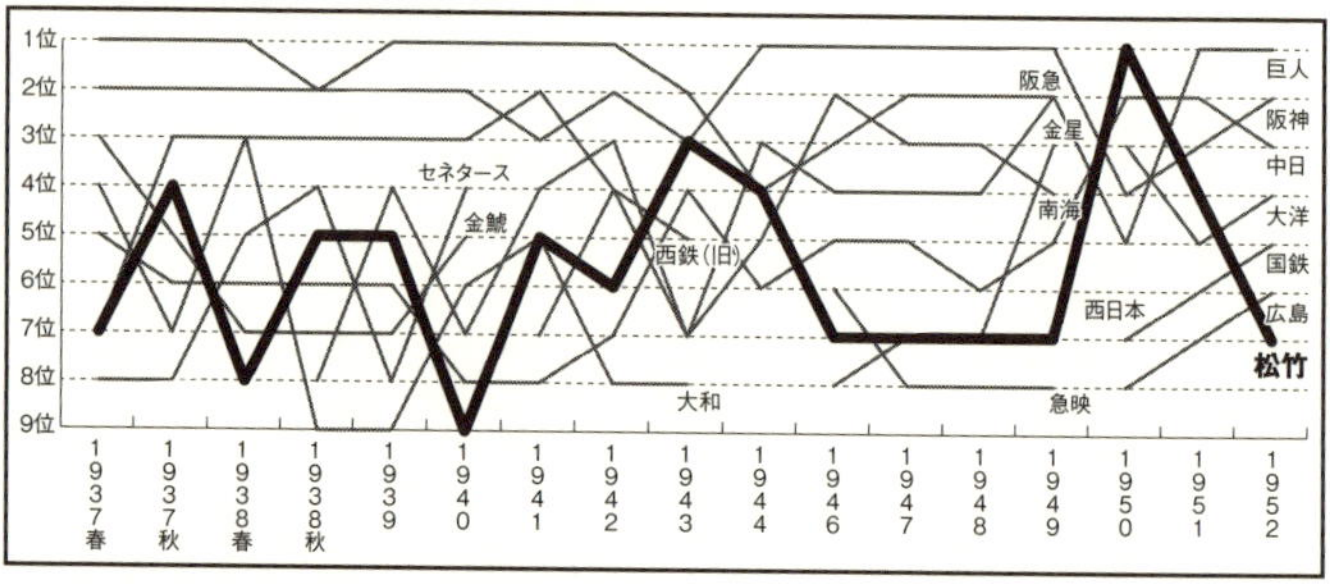

チーム防御率順位変遷（1937〜1952年）

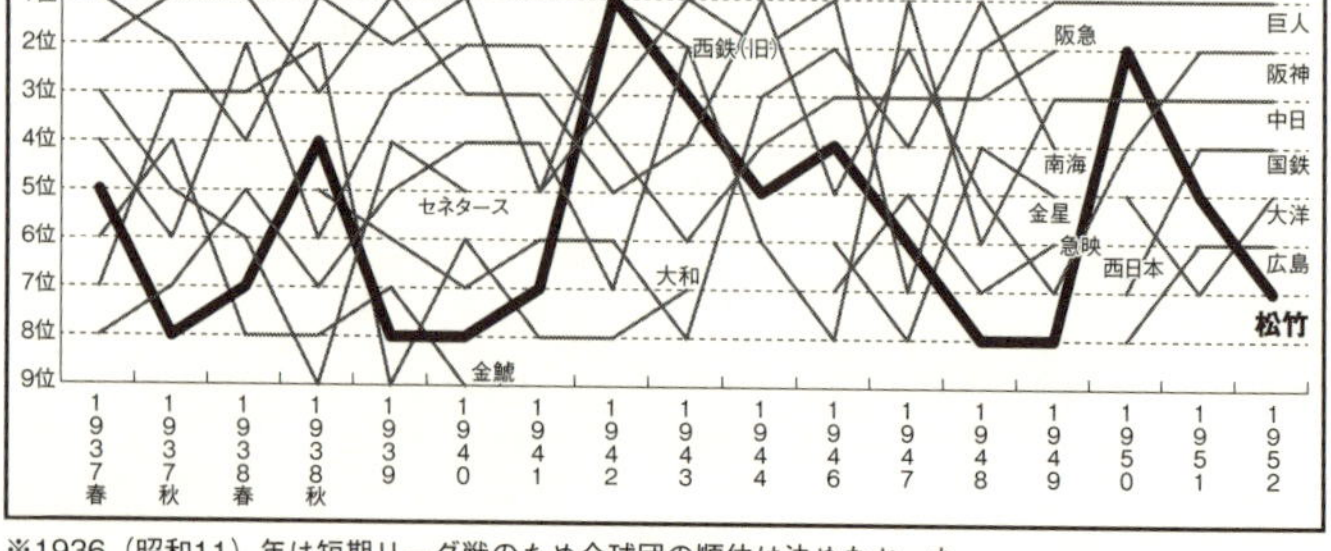

※1936（昭和11）年は短期リーグ戦のため全球団の順位は決めなかった。

シーズン別打撃最高成績（1936〜1952年）

年度	打率		安打		本塁打		打点		盗塁	
1936秋	坪内	.262	坪内	27	該当なし		水谷	12	坪内	13
1937春	鬼頭	.275	鬼頭	67	中村	3	中村	26	水谷	19
1937秋	鬼頭	.321	鬼頭	60	4人	2	浅原	25	鬼頭	22
1938春	坪内	.255	坪内	35	鬼頭	2	大友	14	坪内	6
1938秋	鬼頭	.247	坪内	37	山本、中村、坪内	2	水谷	19	水谷	6
1939	鬼頭	.304	鬼頭	111	鬼頭、水谷	2	鬼頭	48	水谷	21
1940	鬼頭	.321	鬼頭	124	鬼頭、菊矢、坪内	1	鬼頭	46	坪内	22
1941	坪内	.237	坪内	75	岩田、坪内	2	伊勢川	28	坪内	26
1942	坪内	.241	坪内	98	浅原	4	林	19	坪内	44
1943	中谷	.248	坪内	78	浅原	2	浅原	29	坪内	36
1944	坪内	.338	坪内	46	金光	2	金光	20	坪内	16
1946	森下	.287	森下	114	森下	6	森下	54	松井	12
1947	藤井	.257	藤井	122	森下	12	森下	50	辻井	22
1948	辻井	.298	辻井	139	森下	13	藤井	54	本堂	21
1949	松本	.305	松本	153	藤井	16	藤井	77	田川	14
1950	小鶴	.355	金山	185	小鶴	51	小鶴	161	金山	74
1951	岩本	.351	岩本	148	岩本	31	岩本	87	金山	42
1952	小鶴	.284	小鶴	128	小鶴	17	小鶴	49	金山	63

シーズン別投手最高成績（1936〜1952年）

年度	勝利		防御率		勝率		奪三振		登板	
1936秋	遠藤	4	遠藤	3.05	遠藤	.444	遠藤	50	遠藤	13
1937春	近藤	11	菊矢	1.88	菊矢	.750	近藤	91	近藤	28
1937秋	菊矢	13	菊矢	2.34	菊矢	.565	菊矢	97	菊矢	29
1938春	菊矢	7	近藤	3.08	近藤	.286	菊矢	80	菊矢	26
1938秋	菊矢	9	菊矢	2.49	大友、菊矢	.500	菊矢	109	菊矢	25
1939	菊矢	16	福士	2.82	菊矢	.432	菊矢	151	菊矢	55
1940	近藤	9	近藤	2.57	近藤	.290	近藤	154	福士	50
1941	福士	17	福士	1.88	福士	.378	福士	116	福士	57
1942	林安	32	林安	1.01	林安	.593	林安	145	林安	71
1943	林安	20	林安	0.89	林安	.645	真田	106	林安	38
1944	内藤	11	内藤	2.10	内藤	.500	内藤	109	内藤	29
1946	真田	25	井筒	3.07	真田	.490	真田	200	真田	63
1947	真田	23	井筒	2.05	真田	.523	真田	152	真田	52
1948	真田	25	真田	2.22	真田	.568	真田	172	真田	58
1949	真田	13	真田	4.14	真田	.500	真田	87	江田	38
1950	真田	39	大島	2.04	大島	.833	真田	191	真田	61
1951	小林	18	大島	2.74	小林	.545	小林	108	小林	55
1952	小林	12	片山	3.45	島本	.375	小林	159	小林	50

個人打撃成績 リーダース（1936〜1952年）

通算強打率500打数以上			
強打率	打者	打数	塁打
.574	小鶴誠	1353	776
.574	岩本義行	1170	671
.487	大岡虎雄	618	301
.393	森下重好	1457	573
.390	吉田猪佐喜	734	286
.386	鬼頭数雄	1528	590
.385	松本和雄	955	368
.372	藤井勇	1658	617
.369	三村勲	1272	469
.366	金山次郎	1550	567

シーズン強打率				
強打率	打者	年度	打数	塁打
.729	小鶴誠	1950	516	376
.628	岩本義行	1951	422	265
.583	岩本義行	1950	552	322
.509	小鶴誠	1951	387	197
.502	大岡虎雄	1950	552	277
.469	藤井勇	1949	392	184
.453	鬼頭数雄	1940	386	175
.451	小鶴誠	1952	450	203
.449	坪内道典	1944	136	61
.439	鬼頭数雄	1937	187	82

通算試合	
698	坪内道典
556	荒川昇治
441	伊勢川真澄
429	森下重好
422	藤井勇
418	平野徳松
409	辻井弘
403	宮崎仁郎
394	鬼頭数雄
390	真田重蔵

通算安打	
643	坪内道典
474	荒川昇治
441	鬼頭数雄
429	藤井勇
427	金山次郎
412	小鶴誠
400	辻井弘
372	岩本義行
363	宮崎仁郎
362	森下重好

通算二塁打	
89	坪内道典
77	森下重好
73	藤井勇
68	小鶴誠
64	鬼頭数雄
62	金山次郎
59	岩本義行
58	辻井弘
55	三村勲
52	中谷順次

通算打率500打数以上			
打率	打者	打数	安打
.318	岩本義行	1170	372
.305	小鶴誠	1353	412
.289	鬼頭数雄	1528	441
.283	木村勉	1227	347
.283	松本和雄	955	270
.277	大岡虎雄	618	171
.2755	金山次郎	1550	427
.2652	田川豊	988	262
.264	辻井弘	1518	400
.260	宮崎仁郎	1398	363

シーズン打率				
打率	打者	年度	打数	塁打
.355	小鶴誠	1950	516	183
.351	岩本義行	1951	422	148
.338	坪内道典	1944	136	46
.321	鬼頭数雄	1940	386	124
.321	鬼頭数雄	1937秋	187	60
.319	岩本義行	1950	552	176
.311	金山次郎	1950	594	185
.305	松本和雄	1949	501	153
.304	鬼頭数雄	1939	365	111
.299	小林章良	1951	314	94

シーズン安打		
185	金山次郎	1950
183	小鶴誠	1950
176	岩本義行	1950
155	大岡虎雄	1950
153	松本和雄	1949
148	岩本義行	1951
147	田川豊	1949
139	辻井弘	1948
134	三村勲	1950
132	木村勉	1949

シーズン二塁打		
28	小鶴誠	1950
27	森下重好	1946
27	松本和雄	1949
26	金山次郎	1950
24	藤井勇	1947
24	岩本義行	1951
24	小鶴誠	1952
23	田川豊	1949
23	岩本義行	1950

通算三塁打	
29	鬼頭数雄
28	荒川昇治
19	坪内道典
18	金山次郎
18	水谷則一
16	森下重好
16	辻井弘
15	松本和雄
14	藤井勇
14	中谷順次
14	浅原直人

シーズン三塁打		
13	鬼頭数雄	1940
12	荒川昇治	1950
10	金山次郎	1950
9	中谷順次	1948
8	玉腰年男	1939
8	荒川昇治	1947
8	松本和雄	1949
7	7人	

通算本塁打	
92	小鶴誠
78	岩本義行
35	大岡虎雄
34	森下重好
33	三村勲
29	藤井勇
21	吉田猪佐喜
19	平野徳松
16	森谷良平
15	中谷順次
15	宮崎仁郎

シーズン本塁打		
51	小鶴誠	1950
39	岩本義行	1950
34	大岡虎雄	1950
31	岩本義行	1951
24	小鶴誠	1951
17	小鶴誠	1952
16	藤井勇	1949
16	三村勲	1950
15	森谷良平	1949

通算得点	
333	坪内道典
268	小鶴誠
268	荒川昇治
251	岩本義行
235	金山次郎
180	三村勲
170	木村勉
167	鬼頭数雄
165	藤井勇
162	辻井弘
14	浅原直人

シーズン得点		
143	小鶴誠	1950
121	岩本義行	1950
104	金山次郎	1950
102	三村勲	1950
100	岩本義行	1951
88	荒川昇治	1950
86	大岡虎雄	1950
84	田川豊	1949
83	金山次郎	1951
80	松本和雄	1949

通算打点	
295	小鶴誠
248	岩本義行
209	藤井勇
179	荒川昇治
178	坪内道典
173	鬼頭数雄
162	三村勲
162	森下重好
141	宮崎仁郎
140	中谷順次

シーズン打点		
161	小鶴誠	1950
127	岩本義行	1950
109	大岡虎雄	1950
87	岩本義行	1951
85	小鶴誠	1951
77	藤井勇	1949
72	三村勲	1950
67	金山次郎	1950
58	宮崎仁郎	1950
57	三村勲	1951

通算塁打	
800	坪内道典
776	小鶴誠
671	岩本義行
617	藤井勇
614	荒川昇治
590	鬼頭数雄
573	森下重好
567	金山次郎
529	辻井弘
469	三村勲

シーズン塁打		
376	小鶴誠	1950
322	岩本義行	1950
277	大岡虎雄	1950
265	岩本義行	1951
252	金山次郎	1950
217	松本和雄	1949
214	田川豊	1949
205	三村勲	1950
203	小鶴誠	1952
197	小鶴誠	1951

通算盗塁	
196	坪内道典
179	金山次郎
77	鬼頭数雄
73	荒川昇治
67	小鶴誠
65	水谷則一
53	辻井弘
49	岩本義行
39	五味芳夫
38	木村勉
38	浅原直人

シーズン盗塁		
74	金山次郎	1950
63	金山次郎	1952
44	坪内道典	1942
42	金山次郎	1951
36	坪内道典	1943
34	岩本義行	1950
28	小鶴誠	1950
26	坪内道典	1941
25	荒川昇治	1950

通算四球	
319	坪内道典
262	荒川昇治
241	水谷則一
194	小鶴誠
169	鬼頭数雄
166	三村勲
150	大友一明
142	辻井弘
132	中谷順次
129	玉腰年男

シーズン四球		
89	小鶴誠	1950
77	三村勲	1950
77	荒川昇治	1950
69	水谷則一	1939
67	玉腰年男	1940
63	荒川昇治	1947
63	岩本義行	1951
61	田川豊	1949
59	三村勲	1951
58	森下重好	1946

通算死球	
24	岩本義行
18	坪内道典
13	辻井弘
9	平野徳松
9	鬼頭数雄
7	森下重好
7	三村勲
6	4人

シーズン死球		
11	岩本義行	1951
7	岩本義行	1950
6	岩本義行	1949
5	坪内道典	1942
5	白石勝巳	1946
5	辻井弘	1947
5	平野徳松	1952
5	目時春雄	1952
4	多数	1952

通算三振	
221	三村勲
200	平野徳松
177	広田修三
170	坪内道典
159	森下重好
143	金山次郎
142	荒川昇治
140	小鶴誠
140	伊勢川真澄
134	大友一明

シーズン三振		
79	三村勲	1950
78	大岡虎雄	1950
73	三村勲	1951
69	広田修三	1942
69	三村勲	1952
61	金山次郎	1950
59	広田修三	1940
55	森下重好	1947
55	森谷良平	1949
53	小鶴誠	1950

個人投手成績 リーダース（1936～1952年）

通算勝率（500回以上）

勝率	投手	勝利	敗戦
.612	林安夫	52	33
.569	真田重蔵	145	110
.507	江田孝	36	35
.414	内藤幸三	24	34
.397	井筒研一	48	73
.393	菊矢吉男	59	91
.386	小林恒夫	34	54
.369	福士勇	45	77
.308	近藤久	33	74
.366	金山次郎	1550	567

シーズン勝率

勝率	投手	年度	勝利	敗戦
.833	大島信雄	1950	20	4
.765	真田重蔵	1950	39	12
.750	菊矢吉男	1937春	6	2
.742	江田孝	1950	23	8
.645	林安夫	1943	20	11
.593	林安夫	1942	32	22
.568	真田重蔵	1948	25	19
.567	木下勇	1948	17	13
.565	菊矢吉男	1937秋	13	10
.545	小林恒夫	1951	18	15

通算防御率（500回以上）

防御率	投手	投球回	自責点
0.97	林安夫	835.1	90
2.12	内藤幸三	586.0	138
2.33	福士勇	1100.2	285
2.86	真田重蔵	2241.0	711
2.90	菊矢吉男	1283.2	413
3.25	近藤久	1021.2	369
3.47	井筒研一	1278.1	493
3.94	江田孝	706.2	309
4.58	小林恒夫	750.0	382

シーズン防御率

防御率	投手	投球回	自責点	自責点
0.89	林安夫	1943	294.0	29
1.01	林安夫	1942	541.1	61
1.53	内藤幸三	1942	153.1	26
1.88	福士勇	1942	172.2	36
1.88	菊矢吉男	1937春	81.1	17
1.88	福士勇	1941	396.2	83
1.97	真田重蔵	1943	278.0	61
2.00	山本秀男	1941	278.1	62
2.04	大島信雄	1950	225.1	51
2.05	井筒研一	1947	219.2	50

通算登板

328	真田重蔵
245	井筒研一
200	菊矢吉男
185	近藤久
183	福士勇
132	小林恒夫
117	江田孝
109	林安夫
88	内藤幸三
71	渡辺誠太郎

シーズン登板

71	林安夫	1942
63	真田重蔵	1946
61	真田重蔵	1950
58	真田重蔵	1948
57	福士勇	1941
55	菊矢吉男	1939
55	小林恒夫	1951
52	福士勇	1939
52	真田重蔵	1947
50	福士勇	1940
50	井筒研一	1948
50	小林恒夫	1952

通算投球回

2241.0	真田重蔵
1283.2	菊矢吉男
1278.1	井筒研一
1100.2	福士勇
1021.2	近藤久
835.1	林安夫
750.0	小林恒夫
706.2	江田孝
586.0	内藤幸三
442.0	大島信雄

シーズン投球回

541.1	林安夫	1942
464.2	真田重蔵	1946
424.0	真田重蔵	1947
396.2	福士勇	1941
395.2	真田重蔵	1950
392.2	真田重蔵	1948
335.0	菊矢吉男	1939
321.2	小林恒夫	1952
294.0	福士勇	1939
294.0	林安夫	1943

通算敗戦

110	真田重蔵
91	菊矢吉男
77	福士勇
74	近藤久
73	井筒研一
54	小林恒夫
35	江田孝
34	内藤幸三
33	林安夫
28	大友一明

シーズン敗戦

28	福士勇	1941
27	菊矢吉男	1940
27	小林恒夫	1952
26	真田重蔵	1946
22	近藤久	1940
22	林安夫	1942
22	井筒研一	1948
21	菊矢吉男	1939
21	福士勇	1940
21	真田重蔵	1947

通算完投

187	真田重蔵
98	菊矢吉男
71	林安夫
68	福士勇
60	井筒研一
57	近藤久
49	内藤幸三
47	小林恒夫
41	江田孝
29	木下勇

シーズン完投

44	林安夫	1942
43	真田重蔵	1946
42	真田重蔵	1947
34	真田重蔵	1948
31	福士勇	1941
28	真田重蔵	1950
27	林安夫	1943
26	小林恒夫	1952
24	真田重蔵	1943
23	江田孝	1950

通算奪三振

941	真田重蔵
596	菊矢吉男
500	近藤久
334	福士勇
325	小林恒夫
298	内藤幸三
258	井筒研一
239	林安夫
149	江田孝
134	大友一明

シーズン奪三振

200	真田重蔵	1946
191	真田重蔵	1950
172	真田重蔵	1948
159	小林恒夫	1952
154	近藤久	1940
152	真田重蔵	1947
151	菊矢吉男	1939
145	林安夫	1942
116	福士勇	1941
112	菊矢吉男	1940

通算勝利

145	真田重蔵
59	菊矢吉男
52	林安夫
48	井筒研一
45	福士勇
36	江田孝
35	大島信雄
34	小林恒夫
33	近藤久
24	内藤幸三

シーズン勝利

39	真田重蔵	1950
32	林安夫	1942
25	真田重蔵	1946
25	真田重蔵	1948
23	真田重蔵	1947
23	江田孝	1950
20	林安夫	1943
20	大島信雄	1950
18	小林恒夫	1951
17	福士勇	1941
17	木下勇	1948

通算完封

33	真田重蔵
24	林安夫
12	井筒研一
10	福士勇
10	近藤久
10	内藤幸三
9	菊矢吉男
9	小林恒夫
7	大島信雄
6	江田孝

シーズン完封

12	林安夫	1942
12	林安夫	1943
9	真田重蔵	1948
7	真田重蔵	1943
6	近藤久	1940
6	井筒研一	1946
6	小林恒夫	1952
5	福士勇	1941
5	真田重蔵	1947
5	真田重蔵	1950
5	大島信雄	1950

ロビンス記録・奇録・珍記録集（1936〜1952年）

1936年

●チーム1試合最多盗塁

盗塁	チーム	月日	相手	球場	二盗	三盗	本盗	盗塁死
13（日）	タイガース	1936.10.24	対大東京	宝塚	11	1	1	0

10月24日、宝塚球場で行われたタイガース7-4大東京の試合でタイガースがマークした13盗塁。

大東京の5盗塁を加えた両チーム合計18盗塁は現在もレコード。

大東京は42試合、シーズンを通して本塁打なし、連勝なしの唯一のチームとなっている。

1937年

●1イニング3盗塁（二、三、本盗）

選手	チーム	月日	相手	回
柳沢騰市	ライオン	1937.8.29	対金鯱	9回

プロ野球では初のサイクル盗塁を記録。

1938年

1939年

●準完全試合（許した走者一人だけの完封勝ち）※ノーヒットノーラン

投手	月日	相手	スコア	回	打者	安打	四死	失策	三振	残塁	摘要
菊矢吉男（ライオン）	1939.4.16	対金鯱	8-0	9	28	1	0	0	6	1	5回2死長島に左中間二塁打

プロ野球初の準完全試合。

1940年

ライオンは開幕から81試合連勝なし。

●あと一人で逃したノーヒットノーラン（9回2死から初安打を許した投手）

投手	月日	相手	球場	被安打打者	スコア
菊谷吉男（ライオン）	1940.3.30	対巨人	後楽園	水原（右前安打）	○2-0

プロ野球史上初。

●延長で逃したノーヒットノーラン

投手	月日	相手	球場	許走者	初安打	勝敗	スコア
福士勇（ライオン）	1940.7.9	対金鯱	後楽園	四球4	11回2死佐々木常助が左前安打	△	1-1

プロ野球史上初。

1941年

1942年

4月3日対南海戦では朝日が「1イニング2安打で9点」を奪っている。3回に2安打、6四死球、1失策で6点をとり、2死満塁から五味芳夫の遊ゴロで3アウトとなればさほど珍しくもなかったのだが、この当りを南海の遊撃、猪子利男とカバーに入った左翼の国久松一がダブルトンネル、走者を一掃したため珍記録となった。

朝日の林安夫投手は71試合に登板、541回1/3という桁はずれの投球回を記録。

●サヨナラ本盗記録選手

走者	月日	相手	スコア	イニング	アウト	走者	打者	バッテリー
五味芳夫（朝日）	1942.7.16	阪急	1-1	10	2	一、三塁	斎藤（途中出場）	森-日比野
伊勢川真澄	1942.8.10	阪急	1-1	11	2	二、三塁	早川（代打）	森-日比野

プロ野球史上初、2人目。

1943年

●1イニング3盗塁（二、三、本盗）

選手	チーム	月日	相手	イニング
坪内道則	朝日	1943.10.3	対巨人	5回

プロ野球史上4人目のサイクル盗塁を記録。

●準完全試合（許した走者一人だけの完封勝ち）

投手	月日	相手	スコア	回	打者	安打	四死	失策	三振	残塁	摘要
林安夫（朝日）	1943.5.1	対阪急	6-0	9	28	1	0	0	7	1	3回2死森（投手）に安打

1944年

●公式戦初打席本塁打者※デビュー試合

選手	月日	球場	相手	相手投手	イニング	カウント	通算	摘要
金光彬夫（朝日）	1944.4.22	（後楽園）	対巨人	藤本英	7	0-1	2	一リーグ時代唯一、代打

1945年 ※太平洋戦争の戦況悪化により公式戦は休止

1946年

●短時間試合記録

試合時間	開始		終了	月日	球場	対戦とスコア
55分（日）	13:15	～	14:10	1946.7.26	西宮	阪神1-0パシフィック

1946年7月26日、西宮球場で行われた阪神1-0パシフィックの55分はプロ野球史上最短試合。13時15分に始まって14時10分終了、阪神は渡辺誠太郎投手が88球（打球29、ボール27、ストライク27、ファウル5）、パシフィックは湯浅芳彰投手が93球（打球25、ボール36、ストライク31、ファウル1）でともに完投。

●シーズン最多被安打

被安打	投手	チーム	年度	投球回
422	真田重蔵	パシフィック	1946年	464.2

●1試合最多被安打

被安打	投手	チーム	月日	相手	球場	登板	打者	回	本	四死	三	失	自責	スコア
22(日)	真田重蔵	パシフィック	1946.7.21	阪急	西宮	完投	54	9	0	2	1	13	10	●4-13

1947年

●最多連続打席（数）本塁打

連続試合	打者	月日	相手	球場	投手（ ）はイニング	直後の打席
4打数	森下重好(太陽)	1947.7.27	対阪急	甲子園	天保（8）	
		1947.7.28	対巨人	〃	中尾（1）－3、4、5回 四球-諏訪（8）－諏訪（9）	ニゴロ

プロ野球史上初。

●2試合連続毎回安打

チーム	月日	相手	球場	イニング毎の安打数（ ）は得点、色枠は毎回得点									安打数	勝敗
太陽	1947.9.13	対阪神	甲子園	2	2	2	2	1	1	2	1	X	13	○8-3
				(2)	(2)	(2)	(1)	(0)	(1)	(0)	(0)	X	(8)	
	1947.9.15	〃	〃	2	1	1	1	2	2	2	3	X	14	○6-1
				(2)	(1)	(0)	(0)	(1)	(0)	(0)	(2)	X	(6)	

プロ野球史上初。

11月11日、後楽園の対金星戦で太陽の八番打者、松井信勝（遊撃手、この年打率.196）が4回の第2打席で、下手投げの重松通雄投手に投げさせた19球（●○●○△△△△△△△△●△△△△△●）。2-2のカウントからボール1個挟んで13球ファウルで粘った末、19球目を選んで一塁に歩いた。
（注）○…見送りストライク、◎…空振り、△…ファウル、●…ボール。

1948年

5月8日対阪神戦の6回、四番中谷順次が見逃しの三振に倒れた後、森下重好の中飛からスタート。9日対中日戦（投手-清水秀雄、近藤貞雄）、10日対阪神戦（御園生崇男）、12日対阪急戦（森弘太郎）、13日対急映戦（吉江英四郎）と無三振を続け、14日対阪急戦の5回、七番佐竹一雄が空振り三振するまで4試合三振0が続いた。4試合の35イニングに前後の7イニングを加えて42イニング、この間164打者が三振しなかったのだが、試合の勝敗は2勝4敗と芳しくなかった。

●1イニング3盗塁（二、三、本盗）

選手	チーム	月日	相手	イニング
本堂保次	大陽	1948.9.6	阪神	4回

プロ野球史上5人目のサイクル盗塁を記録。

●サヨナラ本盗記録選手

走者	月日	相手	スコア	イニング	アウト	走者	打者	バッテリー
荒川昇治（大陽）	1948.10.5	中日	0-0	10	2	二、三塁	田川（二番）	星田-笠石

プロ野球史上5人目。

●ノーヒット・ノーラン※年齢は（年齢）・（ヶ月）

投　手	年齢	実働年	月日	球場	相手	得点	投球数	打者	四球	死球	三振	内野ゴロ	内飛
真田重蔵（大陽）	25.3	4	1948.9.6	甲子園	阪神	3	98	28	0	0	5	12	5

外飛	走塁刺	失策	併殺	捕手	試合時間	同年勝敗
5	0	1	0	佐竹	1:16	25-19

プロ野球史上21人目、2回2死後藤次男遊ゴロ失だけの準完全試合。

1949年

●チーム 1イニング最多得点

得点	チーム	月日	相手	球場	イニング	打者	安打	四死	敵失	相手投手	打点	スコア
12	大陽	1949.8.2	東急	彦根	3	17	10	2	2	森、吉江、赤根谷	11	○16-2

当時のプロ野球記録。

●チーム 1試合最多失策

失策	チーム	月日	相手	球場	スコア
10（日）	大陽	1949.8.25	対南海	西宮	●3-13

●大差の逆転勝利　1949年10月2日（衣笠）=10点差逆転勝利

15回戦										
	大　映	1	0	9	0	0	0	0	0	0	=10
	大　陽	0	0	0	0	0	3	4	3	1X	=11

序盤大映が大陽の先発投手宮沢基一郎を攻め、初回、山田潔、大岡虎雄の長短打で1点、3回には伊賀上良平の1イニング2二塁打を含む7安打2四球の猛攻で宮沢、江田貢一両投手から一挙9点を奪い、10-0と大きくリードした。

しかし6回裏、投手の江田が左翼前にポテンと落とした2本目の安打のあと木村勉の遊ゴロを山田が失策したのが試合の流れを変えた。藤井勇、岩本義行の連続二塁打で3点が入り、7回も江田の内野安打をきっかけに田川豊の安打、木村の四球で作った1死満塁に藤井が右中間深くまで運ぶ満塁本塁打を放って7-10と3点差。8回2安打と四球、暴投で2点を失ったあと2死一塁で藤井に左中間※二塁打を浴び、ついに10-10と追いつかれてしまった。そして9回裏、3人目の木場巌投手を2死満塁と追いつめた大陽は、田川の左手をかすめる死球押し出しで決勝点を挙げ、大逆転のサヨナラ勝ちとした。

1950年

●シーズン「3割30本塁打30盗塁」

選手	年度	打率	本塁打	盗塁
岩本義行(松竹)	1950	.319	39	34

●チーム　シーズン最多盗塁

盗塁	チーム	年度	盗塁死	成功率
223(セ)	松竹	1950	61	78.5

●チーム 1試合最多盗塁

盗塁	チーム	月日	相手	球場	二盗	三盗	本盗	盗塁死
10（セ）	松竹	1950.9.28	対国鉄	日生	7	3	0	0

●15試合連続2ケタ安打

年月日	相手	打数	安打
10/19	対中日	37	10
10/21	対広島	44	16
10/22	対広島	42	16
10/22	対広島	36	14
10/24	対西日本	38	12
10/25	対国鉄	32	12
10/26	対西日本	36	14
10/28	対広島	33	10
10/29	対大洋	39	13
11/1	対広島	40	15
11/3	対巨人	36	10
11/5	対阪神	33	12
11/7	対大洋	36	15
11/8	対大洋	42	18
11/10	対西日本	37	11

1951年

●1試合最多本塁打

本	打者	月日	相手	球場	投手（　）はイニング	打数	安打	二	三	打点
4	岩本義行(松竹)	1951.8.1	阪神	上田	干場（1）内山（5） 藤村隆（6）御園生（8）	6	5	1	0	8

当日、松竹は変則ダブル第一試合対国鉄戦で3本塁打を放ち、2試合合計1日12本塁打も併せて記録している。

●チーム 1試合最多本塁打

本	チーム	月日	スコア	相手	球場	選手
9（日）（セ）	松竹	1951.8.1	○17-12	阪神	上田	岩本義4、三村2、小鶴、平野、吉田

●大差の逆転勝利　1951年5月19日（大分）=10点差逆転勝利

3回戦	松　竹	0	0	0	0	1	1	3	5	3	=13
	大　洋	0	3	4	1	1	3	0	0	0	=12

大洋が林茂、井筒研一投手から矢野純一、杉浦清がそれぞれ2本、投手高野裕良1本と5本塁打を放ち、6回を終え12-2と一方的にリードした。しかし終盤、大量リードに高野の交代機会を逃した隙を松竹が見逃さず7、8回で10-12と2点差に迫り、9回大洋は林直明投手へ交代したが時すでに遅く、形勢逆転。小鶴誠が2本塁打6打点、7回から登板した小林恒夫投手は投げては3イニングを1安打無失点、打っては9回林から逆転3点本塁打を放ち自らのバットで乱戦を勝ち取った。

1952年

●チーム　最多連続試合無本塁打（1950年以降）

無本塁打	チーム	期間	その期間の勝敗
18試合（セ）	松竹	1952.9.4対広島～10.9対国鉄	4勝13敗 1分

おわりに

歴史にかすむ松竹と田村駒がつくった松竹ロビンス

「松竹」という名詞は、日本人にとってなじみが深い。おめでたい「松竹梅」の連想もあるが、固有名詞としては白井松次郎、大谷竹次郎の双子の兄弟が明治期に創業した興行会社の名前だ。二人の名前を取って「松竹」だ。

古典芸能好きには「松竹」とは歌舞伎や日本舞踊をはじめとする古典芸能の最大の興行主の名前だ。歌舞伎は松竹なくしては成立しない。来年、新たに誕生する十三代目市川團十郎も松竹傘下の歌舞伎役者だ。

映画好きには「男はつらいよ」など「寅さんシリーズ」に人情喜劇の制作、配給元ということになろう。フーテンの寅さんは、日本映画史上最大の人気キャラクターの一人だ。葛飾・柴又には寅さん役の渥美清の銅像が立っている。松竹は活動写真、映画の世界でも先駆者だった。

さらに関西のお笑い好きは、藤山寛美率いる在りし日の「松竹新喜劇」をイメージするかもしれない。関西の「俄」に端を発したこの喜劇は、全国的な人気を博した。

資本関係はないが、笑福亭鶴瓶など吉本興業と並ぶお笑いタレントを擁する「松竹芸能」も、松竹からのれん分けした会社だ。松竹のイメージは実に多様なのだ。


そして、松竹は70年ほど前には、プロ野球チームも持っていた。その名を松竹ロビンスという。

その実態は、田村駒という大阪の商社が仕切る球団に名義を貸していた程度ではあるが、日本の庶民文化に大きな足跡を残した松竹であれば、プロ野球くらい持っていてもおかしくない。

名義貸しではあるが、松竹ロビンスの周辺には、様々な野球人がうごめいていた。なかには小西得郎のように、野球人なのか遊び人なのかわからない、不思議な人も立ち働いていた。そんな「不思議なチーム」が、球界の盟主、読売ジャイアンツを差し置いて、記念すべきセントラル・リーグの初代チャンピオンになったのだ。


そもそも松竹ロビンスを実質的に仕切った田村駒の二代目田村駒治郎からして、なかなかの人物だ。商才がある上に芸能、文化への造詣も深く、とりわけ野球への情熱はなみなみならぬものがあった。大阪商人の才覚と、もってうまれた好奇心の強さで、職業野球の草創期から深くかかわり、自身の名前「駒」にちなむロビンス（駒鳥）という名の個性あふれるチームを運営したのだ。

ロビンスというチームは、決して強くはなく、経営的にも盤石ではなかったが、どこか明るいイメージがあった。それは田村駒治郎という経営者のキャラクターによるところ大であろう。

松竹ロビンスについていえば、プロ野球が2リーグに分立した1950年に優勝を飾ったものの、わずか3年で大洋ホエールズと合併し、1954年末には資本を引き揚げている。その歴史は短かった。

傍系ながら今の横浜ＤｅＮＡベイスターズが松竹ロビンスの後裔ということになるが、爽やかでスマートなＤｅＮＡは、個性派集団の松竹とはイメージがかけ離れている。

松竹ロビンスがまだ野球をしていた時代に試合を見た人は、少なくとも70代後半になっている。もはや松竹ロビンスは、歴史のかなたにかすんでいる。

田村駒は今も大阪の商社として健在だが、その社史を開いても、ロビンスは見開きでさらっと触れられているに過ぎない。松竹の公式サイトにもたった1行「プロ野球チーム『松竹ロビンス』発足」とあるだけだ。

今や松竹ロビンスがどんな野球チームだったのかを知る術は少なくなっていた。

そんな中で「野球雲」編集部が動いたのだ。この本には武田主税編集長の野球文化への偏愛が吹きこぼれている。

この1冊が、埋もれた「超個性派球団」に再び脚光をあてるきっかけとなれば、本当に喜ばしい。

広尾　晃

本書の執筆者一覧（2016年時点）

山際康之（やまぎわ・やすゆき）

東京造形大学 学長・教授。ノンフィクション作家。東京大学博士（工学）取得。ソニー入社後、ウォークマンの開発を担当する。以降、製品環境グローバルヘッドオフィス部門部長などを務めてきた。大学では、エコデザインの研究を専門とし、書籍も多い。野球に関する著書は、「兵隊になった沢村栄治（筑摩書房）」があり、「広告を着た野球選手（河出書房新社）」では、ミズノ スポーツライター賞を受賞している。

堤哲（つつみ・さとし）

1941年生まれ。64年早大政経卒、毎日新聞入社。55年前、学生紙「早稲田スポーツ新聞」第3代編集長。2代目田村駒治郎氏と「大東京」球団を買収した大橋松雄氏が飛田穂洲「精神野球」に反発して退部したことを初めて知った。1925（大正14）年のこと。東京六大学野球連盟が生まれ、飛田は19年ぶりに復活した早慶戦に勝利、秋のリーグ戦で優勝。宿敵シカゴ大学にも勝ち越し、それを花道に監督を辞め朝日新聞に入社する。

広尾晃（ひろお・こう）

2016年より高校生の部活を取材するサイト「ナビ部」に携わり、野球だけでなく多くの部活の取材をする。非常に得るところが多い。インターハイではするめになりそうな暑さに耐えて高校生の躍動を見て回った。川淵三郎さんにお目にかかり「一度、野球についてモノが言いたかったんだ」と言われ、熱い言葉をいただく。

松井正（まつい・ただし）

1979年生まれ、東京都大田区在住の会社員。『二軍史 もう一つのプロ野球』（啓文社書房）を上梓。書籍には書ききれなかったエピソードや、その後新たに分かったエピソードも多数あり、これらをまとめた小冊子を作りたいと考える今日この頃。

本書は２０１７年12月19日に発行された『野球雲Ｖｏｌ・10 羽ばたいた駒鳥たち 松竹ロビンス』（啓文社書房発行）に大幅な加筆修正をくわえて新書サイズとして再刊行したものです。

編集／株式会社啓文社（漆原亮太）
Special　Thanks　野球雲編集部／武田主税（雲プロダクション）

消えた球団 松竹ロビンス 1936〜1952

2019年7月10日　第1刷発行

編　著　　野球雲編集部
発行者　　唐津 隆
発行所　　株式会社ビジネス社
〒162-0805　東京都新宿区矢来町114番地 神楽坂高橋ビル5階
電話　03(5227)1602　FAX　03(5227)1603
http://www.business-sha.co.jp

印刷・製本　大日本印刷株式会社
〈カバーデザイン〉大谷昌稔
〈本文組版〉茂呂田剛(エムアンドケイ)
〈編集担当〉本田朋子
〈営業担当〉山口健志

ISBN978-4-8284-2117-9

ビジネス社の本

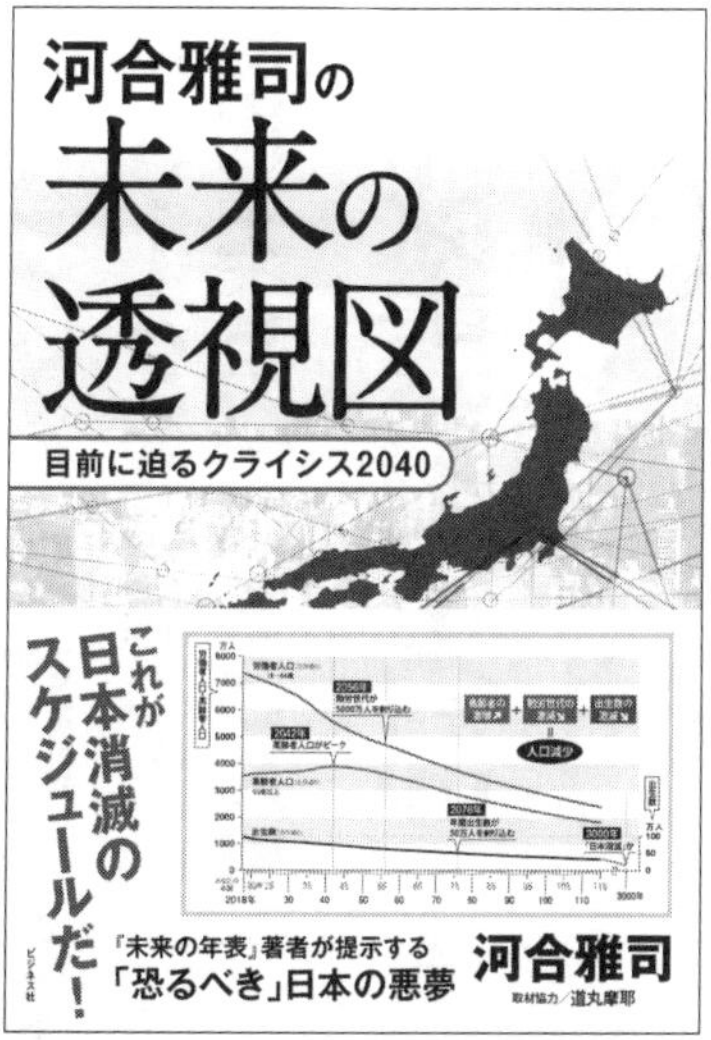

河合雅司の未来の透視図
目前に迫るクライシス2040

河合雅司……著

定価　本体1100円+税
ISBN978-4-8284-2006-6

これが日本消滅のスケジュールだ！
『未来の年表』の著者が提示する
「恐るべき」日本の悪夢
『未来の年表』の完全図解、副読本！

本書の内容

はじめに　人口減少日本が一目でわかる「未来の透視図」
第1章　「人生100年時代」の到来――高齢者の激増
第2章　「24時間社会」の崩壊――勤労世代の激減
第3章　「未来の母親」がいなくなる――出生数の激減
第4章　悲しすぎる地域の未来――全国で町やモノが消滅
第5章　ではどうする？「戦略的に縮む」ための5つの提言
あとがき　いつから「未来」という言葉が暗い意味になったのか

ビジネス社の本

消えた球団　毎日オリオンズ1950〜1957

パ・リーグを背負った初代王者の「強さと凡庸」

野球雲編集部……編著

定価　本体1000円＋税
ISBN978-4-8284-2107-0

松竹ロビンスを破り、2リーグ制初の日本一に！
戦後まもないプロ野球に
流星のように消えた8年間の記憶

本書の内容